Elogios para *Marca la diferencia*

"El libro de Izzo convierte una idea sencilla en un hecho práctico. Basado en su amplia experiencia, y en la sabiduría que le ha dado el hecho de trabajar con gente que ha querido rediseñar su propósito de vida, este autor nos muestra cómo marca él la diferencia con su ejemplo. Te advierto: ¡*Marca la diferencia* lo cambia todo! Estoy convencido que te gustará el resultado final —que es en quien te convertirás".

—Richard Leider, autor de varios bestseller entre ellos:
The Power of Purpose y *Repacking Your Bags*

"Este es un libro para gerentes, líderes, padres de familia y todos aquellos que quieren retarse a sí mismos y a otros a crecer, cambiar y a la vez lograr cambios en esta Tierra. La calidez de Izzo, su estilo comprometido y su forma de narrar, hacen de esta una lectura agradable".

—Beverly Kaye, Fundador y Gerente Ejecutivo de Career Systems International y coautor de *Love 'Em or Lose 'Em y Love It, Don't Leave It*

¡*Marca la diferencia* no es tan sólo una plática, también es una forma de inspirar! Es esa lectura poco habitual que te ayudará en el aspecto personal, en tu carrera, en los negocios y en ese deseo que tienes de cambiar el mundo. Además te muestra cómo al adquirir responsabilidad en las áreas más importantes de todo ser humano —familia, trabajo, comunidad— generas una energía dinámica y la creatividad que se requiere para trabajar y lograr cambios auténticos".

—Duane Elgin, autor de *Voluntary Simplicity* y *The Living Universe*

"Este libro nos reta a marcar la diferencia y utilizar el coraje necesario para ayudar a proponer cambios trascendentales —ya sea en el círculo de influencia dentro del cual nos movemos o expandiéndonos hacia otros ámbitos de una manera más amplia y enriquecedora. De nuevo la investigación del Dr. Izzo, con su incomparable estilo narrativo y sus valiosos consejos, nos brinda este regalo que nos enriquecerá significativamente tanto en el campo personal como profesional".

—Josh Blair, Vicepresidente Ejecutivo de Human Resources, TELUS

"¡El camino más rápido hacia el éxito profesional y personal surge al hacer lo acertado! Y eso no ocurrirá si te quedas en tu zona de comodidad, si te dedicas a señalar a los demás o a actuar como la víctima de toda situación. Como ejecutivo experto en el campo de Recursos Humanos he encontrado a lo largo de mi carrera que en verdad uno tiene que dar un paso adelante si quiere marcar la diferencia. Esta obra contiene historias de gente que se atrevió a dar ese paso, defendió su punto de vista, tomó la iniciativa y logró cambios en su empresa —y en el mundo—. Si deseas destacarte en tu profesión, lee esta obra y sigue sus consejos".

—Brigid Pelino, Vicepresidenta Senior de Human Resources, Tim Hortons Inc.

"*Marca la diferencia* es una lectura reveladora y oportuna. En su estilo afable John Izzo hiló estas historias inspiradoras con ejemplos prácticos para mostrar cómo todo líder que decide dar un paso al frente y marcar la diferencia logra que el mundo sea en verdad un mejor lugar".

—Ferio Pugliese, Vicepresidente Ejecutivo de People and Culture, WestJet Airlines

"*Marca la diferencia* es una obra empoderada y liberadora que se basa en un concepto exquisitamente sencillo. Izzo combina hechos basados en evidencias con historias que invitan a tomar acción, que están llenas de esperanza y nos recuerdan la fuerza y el poder de cambio que permanecen silenciosos en el interior de cada individuo".

—Susan Biali, MD, autora de *Live a Life You Love*

"Este libro de John Izzo es notable. Demuestra que cada uno de nosotros tiene la capacidad de hacer lo que se requiere sin importar lo difícil e inmanejable que parezca la situación. Leerlo asegura que cada uno de sus lectores se disponga a actuar de forma significativa".

—Mark Levy, Fundador de Levy Innovation
y autor de *Accidental Genius*

"John Izzo marcó la diferencia al escribir su libro y comprometernos a hacer de este mundo un lugar mejor. Comienza con una premisa muy sencilla: todos debemos tomar la responsabilidad de arreglarlo. Desde una perspectiva innovadora Izzo nos muestra a través de sus historias los múltiples niveles de influencia a los cuales tenemos acceso. Al hacer nuestra parte dentro de dichos niveles el mundo se hace mejor y la actitud adecuada logra que nos sintamos más empoderados y enriquecidos. Esta es una guía para lograr realmente marcar la diferencia, — escrita a su vez por un formidable guía".

—Joel Barker, futurista, productor cinematográfico y autor

"*Marca la diferencia* hace una contribución imperecedera e importante al pensamiento y la práctica de todo líder. El Dr. Izzo describe cómo todos tenemos la capacidad de marcar el paso y hacer la diferencia en el trabajo y en lo personal. Esta es una lectura obligatoria para gerentes y supervisores".

—Bob Peter, Presidente y Gerente Ejecutivo de LCBO

Marca la diferencia

Identifica el problema,
fija tu posición,
actúa basado en ella
y cambia el estado de las cosas

Dr. John Izzo

Autor del bestseller:
The Five Secrets You Must Discover Before You Die

TALLER DEL ÉXITO

CONTENIDO

P R Ó L O G O

Marca la diferencia de John Izzo es uno de esos libros con un mensaje poderoso que beneficia a todo el que esté abierto a él: "Marcar la diferencia consiste en ver una necesidad y decidir que TÚ eres el indicado para hacer algo al respecto" es una frase que impacta, sobre todo en un tiempo en que el mundo necesita gente que haga justamente eso —*¡Marcar la diferencia!*

Trabajo a diario en el mundo corporativo y lo que encuentro es que con bastante frecuencia no hay quién marque la diferencia durante o después de una crisis. Existe mucho señalamiento y culpabilidad hacia terceros: es culpa del gerente ejecutivo, es culpa de un miembro del equipo, es culpa del jefe. Y la misma regla aplica luego de una crisis en el hogar. Se culpa a la pareja, al perro, a los hijos, a las alcachofas, a lo que sea. Muy pocos apuntan su dedo para señalar la responsabilidad sobre sí mismos. La gente se inclina más hacia pasarles a otros su propia culpa que hacia tomar responsabilidad. El hecho es que atribuirles a otros tus actos no te ayuda a desarrollar tu carácter ni te da la oportunidad de aprender de tus errores. En pocas palabras, no te enriquece. Esta falla en el comportamiento es un atributo negativo tan significativo como lo son las cualidades de liderazgo, coraje y recursividad que tengas. Un líder que no carga con su culpa no es alguien a quien sus subalternos siguen ni le tienen confianza porque estarán cuestionando su carácter, confiabilidad y lealtad, además de que no le serán muy fieles.

¿Conoces líderes que aceptan su responsabilidad? ¿No es verdad que es agradable trabajar con ellos? Esta clase de dirigentes por lo general ayuda más y juzga menos, ellos procuran que su equipo se enfoque en un futuro sobre el cual tengan influencia y no en un pasado que no es posible cambiar, les muestran a sus subalternos cómo aceptar la responsabilidad de sus actos, se refieren a eventos del pasado y preguntan "¿Qué aprendimos de eso?", ellos no —y animan a los demás a no hacerlo— manifiestan sus opiniones cuando están enojados o fuera de control, piensan antes de hablar y analizan si lo que van a decir "le aporta algún beneficio a la situación".

A lo largo de esta lectura encontrarás mucha gente y grupos que se comportan como acabo de mencionar: adquiriendo su responsabilidad y encargándose de crear y mantener la atmósfera indicada. Si todavía no lo eres, aprenderás cómo ser alguien de estas características. *Marca la diferencia* es un legado maravilloso para individuos y equipos que realmente quieren avanzar. Te animo a leerlo y disfrutarlo —y si tan sólo cambiaras un poquito debido a ello, incluso así valdría la pena.

La vida es bella.

Marshall Goldsmith,
Dirigente Ejecutivo y autor de
los bestseller de *The New York Times,*
MOJO y *What Got You Here Won't Get You There.*

PREFACIO

Este libro es para todo el que quiere marcar la diferencia en su comunidad, organización y en el mundo, es para todo el que anhela una mejor relación de pareja o incrementar sus logros profesionales, para los líderes y dueños de negocios a quienes les gustaría ayudar a su personal a proceder con más sentido de pertenencia, para los que creen o quieren creer en el potencial que tiene cada individuo para producir cambios.

Comencé a escribirlo cuando tenía diez años de edad. En ese tiempo mi televisor estaba lleno de imágenes de gente que marcaba la diferencia. En todas partes del mundo muchos individuos estaban aceptando grandes retos personales para hacer de esta tierra un mejor lugar: los afroamericanos se resistían a las injusticias en el Sur, los activistas de la paz hacían sus protestas por el surgimiento de las armas nucleares, los disidentes delataban los regímenes totalitarios y las mujeres luchaban por su igualdad de derechos. Entonces decidí que yo quería convertirme en periodista para contar las historias de aquellos que lograban que todo marchara mejor.

En ese mundo mío tan pequeño y personal escuchaba con especial atención los sermones del Reverendo Robert Kelly en Calvary Presbiterian Church de Nueva York, retándonos a hacer lo que cada uno debería para combatir el racismo y los males de esa época. "El mundo está esperando que nos pronunciemos", decía él en su amonestación haciendo énfasis en que la necesidad no yacía en los asuntos importantes del diario vivir sino en "el pequeño mundo en el que nos movemos y en el cual es posible marcar una gran diferencia en la vida de los demás".

Siempre me fascinaron las historias de aquellos que se levantan y logran cambios provechosos. Como seres humanos aprendemos a través de relatos, ha sido así durante miles de años. Recordamos historias aún mucho después que hemos olvidado las conversaciones en las que nos las contaron, razón por la cual he dedicado mi vida a narrarlas. En mis libros sobre cultura corporativa cuento las historias de grandes empresas y líderes que inspiraron pasión por el trabajo. En mi libro y series de televisión *The Five Secrets You Must Discover Before You Die* comparto la vida de 250 personas entre los 60 y 106 años de edad que fueron reconocidas por haber hallado el secreto de la felicidad y es precisamente a través de sus relatos que quise mostrar el camino hacia el verdadero contentamiento.

Después que terminé ese libro, el cual se convirtió en un bestseller y fue traducido a una docena de idiomas, me pareció que todavía había otra historia que contar. ¿Por qué alguna gente da el paso adelante y es capaz de marcar una diferencia más grande que otra? ¿Qué función ejerce el hecho de tomar responsabilidad propia en el logro de la felicidad y la capacidad para hacer un cambio? ¿De qué manera las historias de aquellos que tomaron acción nos enseñan a resolver los asuntos importantes de estos tiempos, ya sea que se trate de levantar familias estables, parar los abusos, disfrutar de óptimas relaciones de pareja, mejorar los negocios o afrontar los múltiples conflictos sociales que enfrentamos?

Se me ocurre que en todo caso es cuestión de responsabilidad. La definición de marcar la diferencia en este libro es sencilla:

"Marcar la diferencia consiste en ver una necesidad y decidir que TÚ eres el indicado para hacer algo al respecto". Es acerca de hacer todo lo que esté a tu alcance en tu círculo de influencia para producir un cambio sin esperar a que sean otros los que se responsabilicen de hacerlo. La responsabilidad de la que hablo no es la de señalarles el camino a los demás para que decidan avanzar, sino un mensaje de empoderamiento que manifieste lo que ocurre cuando dejamos de preocuparnos por lo que los demás están o no haciendo y elegimos hacer lo que está a nuestro alcance. Ya sea que se trate de cambiar la familia, empresa o al mundo, somos poderosos solamente cuando nos enfocamos en lo que NOSOTROS somos capaces de hacer.

Como creo que aprendemos mejor a través de relatos, mi trabajo de investigación para desarrollar este libro incluyó encontrar historias de gente que se levantó para marcar la diferencia y producir un cambio. No quise contar algo que todos ya hayamos escuchado antes ni referirme a los famosos para saber de sus experiencias de vida. En lugar de eso decidí encontrar historias poco conocidas que ilustren el increíble potencial que todos tenemos para hacer cambios cuando decidimos actuar en nuestro entorno. Traté de hallar testimonios sobre cómo tomar acción que fueran amplios e instructivos, más que buscar una muestra científica de individuos cuyas características poco comunes les hayan permitido destacarse. Las historias van desde el hombre habitante de la calle que comenzó una revolución en el campo del reciclaje y la comerciante en Italia que defendió de la mafia su negocio y de paso los de su comunidad, hasta el grupo de enfermeras que ayudó a cambiar la imagen del hospital en el que trabajaban y la mujer que transformó un negocio de decoloraciones en un lugar muy próspero. Unos estaban tratando del salvar al mundo, había quienes querían hacer crecer o incrementar su negocio; otros sólo deseaban ejercer una influencia positiva sobre la gente que los rodeaba, mientras para otros su anhelo consistía sencillamente en mejorar sus relaciones.

El libro presenta dos verdades primordiales: una se basa en el valor que representa adquirir responsabilidad y marcar la diferencia. Los primeros tres capítulos sustentan el hecho de porqué responsabilizarse importa. Mi intención no es sermonear sino mostrar de qué manera nuestra vida, carrera, relaciones, empresa y comunidad serán radicalmente mejores si somos nosotros quienes decidimos cambiar las circunstancias y dejamos de pensar que son los demás —los culpables— quienes deben hacerlo. El principio es sencillo pero profundo. Cuando decidimos hacer lo que está a nuestro alcance desde donde nos encontramos en lugar de buscar a otros para que lo hagan, nos sentimos más empoderados y logramos más. Y lo que es mejor, más allá de nuestro mundo personal, la mayoría de los grandes problemas de estos tiempos tienen solución con que tan sólo cada uno de nosotros decida tomar acción en su círculo de influencia.

La otra verdad aquí contenida identifica las claves para marcar la diferencia y obtener mayor influencia. A través de historias inspiradoras de individuos que se atrevieron a ser distintos y cambiar el estado de las cosas espero mostrarte que lograrlo no es un gran misterio ni está reservado para unos pocos. Siguiendo el ejemplo de esta clase de gente nosotros también estamos en capacidad de crear la cultura de marcar la diferencia en cualquier empresa, la familia o la sociedad.

Al final de cada capítulo propongo maneras prácticas de destacarnos y tomar responsabilidad a partir de ese mismo instante. Excepto algunos casos específicos, los relatos aquí contenidos vienen de entrevistas con personas cuyas historias cuento. Al final del libro tengo una lista de mensajes importantes así como algunos recursos para conectarse con otros que ya están haciendo la diferencia.

Para mí este es más que un libro, espero que sea parte de un movimiento porque ahora como nunca antes necesitamos de gente que quiera hacer la diferencia, deje de culpar a otros y se mire a sí misma. Mi esperanza es que al leer estas historias te sientas inspirado para contar la tuya. Con tal propósito verás al final del libro cómo unirte para contar las historias de aquellos que vieron una necesidad y decidieron que era posible hacer algo al respecto.

John Izzo

Para mi hija Lena—,
Es probable que tú marques la diferencia
más de lo que yo ya la marqué.

CAPÍTULO 1

Las cinco filas de influencia

Cada uno de nosotros tiene la capacidad de influenciar hasta cinco filas
dentro del círculo en el cual se mueve, pero desde allí también es posible
cambiar el mundo.

Tomar las riendas con responsabilidad tiene el poder necesario
para cambiarlo todo. En el momento en que decidimos que somos
los indicados, capaces y responsables de cambiar el *statu quo*, todo
adquiere otra dimensión. Este es un libro acerca de cómo tu matrimonio, tu carrera, tu vida, tu negocio y nuestro mundo se hacen mejor cada vez que decides sencillamente dar el paso y hacer lo que sea
posible dentro de tu círculo de influencia.

Vernos a nosotros mismos como los responsables y capaces de
producir cambios produce una perspectiva distinta más profunda.
Ese nuevo direccionamiento se parece a *"la lleva"*, uno de nuestros
juegos propios de la niñez. Cuando yo era un niño viviendo en la
ciudad de Nueva York lo jugábamos durante horas interminables.
Uno de nosotros era el encargado de correr tratando de alcanzar a
cualquiera de los participantes y tocarlo para hacerlo responsable de
correr tras los demás. En el momento en que tú eras el responsable,
todo cambiaba para ti.

¡Bueno, ahora eres tú quien *"la llevas"*! Tú eres el responsable
de tu felicidad, del éxito de tus relaciones, de la moral en tu lugar de
trabajo y en tu propia vida. Más aún, eres responsable de la pobre-

za, del calentamiento global, de tu vecindad, de tu escuela y de los desamparados. Dicho de otra forma, todos "la llevamos". Es decir, si todos adquirimos la responsabilidad que nos corresponde y hacemos lo que está a nuestro alcance, todo mejorará. Y no es sólo eso, cuando decidimos tomar acción, tanto el juego de la vida como el del trabajo se hacen más divertidos y nos traen mayores recompensas, logramos mayores éxitos.

Esto no significa que no haya tiempos en que la vida, la felicidad y el éxito no sean influenciados por agentes externos. A veces el jefe es un tirano, los padres no saben cómo ofrecer unas buenas bases, la pareja tiende a culpar más de lo justo y los problemas que enfrentamos —como el calentamiento global— parecen tan insalvables que es fácil sentir que no tenemos cómo hacer la diferencia. Pero cuando decidimos enfocarnos en lo que nos corresponde hacer y en cómo lograrlo, de repente nos volvemos poderosos. Las víctimas no producen cambios. No estoy hablando de "la carga de una responsabilidad". Muchos ya nos sentimos demasiado responsables aceptando culpas y con la necesidad de arreglarlo todo. La responsabilidad a la que me refiero es liberadora porque se trata de elegir qué hacer dentro de tu círculo de influencia sin tener que preocuparte por lo que los demás estén o no haciendo.

Las cinco filas sobre las cuales es posible ejercer responsabilidad

Una de las experiencias más sencillas, pero aun así más profundas de mi vida, ocurrió en un avión en enero de 2002. Caía nieve y era un día congelado en Cleveland y yo llegué justo a tiempo para ser el último pasajero antes que se cerrara la puerta del avión. Rápidamente me di cuenta que todos a mi alrededor se encontraban en un estado de ánimo depresivo. No había alcanzado a acomodarme cuando la pasajera junto a mí me dijo: "¡Mi jefe es un idiota! Me ha enviado hasta este lugar olvidado por Dios. El cliente de esta ciudad nunca compra nada y esta vez no será distinto. ¡Qué idiota es mi jefe!". Habiendo escuchado su diatriba, el hombre al otro lado del pasillo intervino con este comentario: "Su jefe no es el único idiota, señora.

Los encargados de dirigir esta aerolínea también lo son. No hay espacio para estirar la pierna, estamos retardados como siempre y mire todo el hielo que hay sobre estas alas —es probable que muramos entre esta cosa".

Una vez despegamos el mismo estado de ánimo continuó y el virus de la negatividad se expandió. Pronto todos a mi alrededor estaban quejándose del mundo, de sus empresas y parejas, la situación parecía empeorar, hasta yo ya estaba diciendo que mi jefe era un idiota ¡y yo trabajo independiente! Era un verdadero festín de negatividad y pensamientos victimizantes. Como suele ocurrir en todas las fiestas de comida chatarra, la comilona parecía ser deliciosa pero nos dejó sintiéndonos peor.

A unas cinco filas delante de la mía estaba una mamá sentada junto con su hijo de dos años de edad y durante la primera media hora de vuelo el chico intentó sin ningún éxito darse la vuelta para mirar hacia los pasajeros que estábamos atrás. Varias veces vi su cabeza; otras, sus cejas, pero no fue sino hasta después de pasados cuarenta minutos que finalmente el pequeño lo logró y entonces decidió dejar descansando su mentón en el espaldar del asiento. Parecía una ardilla.

Cuando por fin pudo ver a todos los pasajeros detrás de él, su sonrisa fue enorme, la más espontánea que hayas visto. En instantes ese niño transformó las cinco filas ubicadas detrás de él. La señora que decía que su jefe era un idiota dejó de quejarse y empezó a hablarme de sus hijos, el tipo que se quejaba porque la aerolínea también era administrada por idiotas igualmente detuvo sus quejas y se dedicó a hacer muecas que hicieran reír al niño. Alguien dijo: "Todos deberíamos ser un poquito más positivos, así como ese chico", y me propuso que fuera a decirle a la mamá que si nos permitía pasar un tiempo con él. Cuando me ofrecí a recibírselo la señora aceptó feliz ese alivio y la visita del niño entre nosotros nos cambió el estado de ánimo en minutos.

Sentado allí a 30.000 pies y tambaleando sobre el Medio Oeste tuve una epifanía que he llamado *el principio de las cinco filas*: la mayoría tenemos un potencial enorme para influenciar un promedio de cinco filas a nuestro alrededor pero nos pasamos la mayoría del tiempo pensando y hablando de lo que alguien ubicado en otras filas del avión debería hacer. Y lo que es peor, casi todo problema que enfrentamos —desde el calentamiento global y el terrorismo hasta la baja ética en los negocios y el abuso entre estudiantes en las escuelas— es un problema ubicado a cinco filas alrededor nuestro. Es decir, el problema es solamente el resultado de lo que cada uno de nosotros estamos haciendo en nuestro círculo de influencia.

Tomemos un ejemplo de un problema aparentemente inmanejable. ¿Por qué el calentamiento global y el deterioro del medio ambiente son una situación tan desconcertante? Porque el medio ambiente, como la mayoría de los problemas, es una circunstancia bajo la influencia de las cinco filas de todo individuo. Dirás que el gobierno necesita pronunciarse pero lo cierto es que esa es la consecuencia lógica de decisiones que cada uno de nosotros —y nuestras empresas— hemos hecho dentro de nuestras cinco filas de alcance —el carro que manejamos, en términos de los que compramos, lo que reutilizamos o reciclamos y así sucesivamente—. De una parte, nuestras cinco filas de influencia no nos importan mucho, pero de otra parte el problema será resuelto solamente cuando cada uno hagamos lo que debemos dentro de nuestro entorno.

Por ejemplo, una compañía en la cual el mal servicio y la falta de ética se han convertido en la norma. Cualquiera pensaría que el gerente ejecutivo es el encargado de solucionar la situación, pero rápidamente uno se da cuenta que en la mayoría de los casos tanto el mal servicio como la falta de ética son problemas de cinco filas de alcance. La situación cambiará únicamente cuando los individuos se levanten y hagan algo dentro de su círculo para buscar un cambio y traten mejor a la clientela o hagan lo que esté en sus manos para mejorar. Lo que es más, la gente necesita enfocarse en lo que requiere hacer dentro de ese círculo de influencia sin quedarse a esperar a ver quién tiene que hacerlo. El gerente ejecutivo debería preocuparse de lo que le corresponde hacer desde su esfera, al igual que los administradores y los demás desde las suyas. Mientras más gente se enfoque en tomar acción, mayor será el progreso. Si nos involucramos en lo que es posible hacer dentro nuestras cinco filas, vamos a lograr cambios, no es posible controlar lo que hacen los demás, pero sí lo que hacemos nosotros.

Esta conclusión también aplica fácilmente a la vida personal. Reponiéndome de una riña con mi esposa un día durante mi camino al aeropuerto, estaba enfocado en lo que ella necesitaba hacer para arreglar nuestro matrimonio en lugar de yo tomar responsabilidad por mis cinco filas de influencia. Entre más me concentraba en lo que ella debiera hacer, menos empoderado me sentía y menor impacto lograba causar. Ya sea que se trate de nuestra vida personal o en comunidad, siempre debemos enfocarnos en preguntar qué podemos hacer y no tener en cuenta lo que otros debieran estar haciendo.

Si todos participamos atentamente dentro de nuestras cinco filas de impacto, hay cómo solucionar cualquier problema, cada reto. Cada vez que estés tentado a pensar que no importa si te involucras y marcas la diferencia recuerda el principio de las cinco filas: si cada persona comienza donde está y hace lo que le corresponde, cualquier cosa es posible. Culpar a alguien más es fácil y en últimas significa que nadie hará nada.

Haciendo la diferencia: cómo utilizar nuestra capacidad para cambiar el *statu quo*

La buena noticia es que todos los días hay quienes deciden que pueden, deben y cambiarán las circunstancias. Yo le llamo a esto *marcar la diferencia*. Es el simple hecho de ver una necesidad y decidir que tú eres la persona indicada para hacer algo al respecto.

Eso es exactamente lo que ocurrió en 1992 cuando dos jóvenes profesores, Mike Feinberg y Dave Levin, dieron inicio a su carrera en Houston, Texas, a través de Teach for America, un innovador programa establecido en 1990 encargado de ubicar estudiantes sobresalientes como profesores en escuelas públicas en gran necesidad. Teach for America es una organización fundada por Wendy Kopp, un ejemplo de alguien que hizo la diferencia. La tesis de su programa de pregrado en la Universidad de Princeton la convenció de que era importante que un cuerpo élite de maestros de su generación les brindara lo mejor de sí a comunidades de bajos recursos. A sus veintiún años de edad ella recogió un fondo de $2.5 millones de dólares y comenzó con un equipo de 500 profesores en 1990. Hoy Teach for America cuenta con un grupo de más de 28.000 profesores. Wendy escribió su libro *A Chance to Make History* (Public Affairs, 2010) que detalla algunas de las lecciones aprendidas en Teach for America.

Mike y Dave terminaron el programa en el otoño de 1992 y fueron asignados para cumplir su primera asignación en dos escuelas primarias de una pequeña ciudad cuyo éxito académico era mínimo. Los primeros meses fueron difíciles y hacia la mitad del año escolar las clases eran, según su propia descripción, un desastre. Mientras ellos fracasaban miserablemente con sus estudiantes, una profesora llamada Harriet tenía un salón de clase al final del pasillo lleno de estudiantes entusiastas que cantaban, se divertían y aprendían. *A lo mejor no eran los estudiantes, es posible que se tratara de los maestros.*

Reconocer esa situación fue el primer acto de responsabilidad que Mike y Dave tuvieron que enfrentar. Se hicieron amigos de Harriet y ella se convirtió en su mentora. Los jóvenes maestros aprendieron cómo involucrar hasta al más difícil de los estudiantes. Al finalizar el año sus salones de clase estaban llenos de vida y compromiso. El año terminó con un alto nivel académico, con estudiantes que hacían sus tareas y tenían muy buen desempeño. Los chicos pasaron entusiasmados a la Escuela Media.

"Pensamos de manera ingenua que lo habíamos logrado. En un año escolar habíamos reformado el sistema educativo", me contó Mike. Pero la realidad no se hizo esperar. Al siguiente año los estudiantes que pasaron a la Escuela Media empezaron a llamar a Mike y Dave para contarles situaciones como: "No nos dejan tarea ni nos permiten llevarnos los libros para la casa". Al llegar a mitad de año sus antiguos estudiantes estrella se habían enrolado en las líneas de los estudiantes de bajo rendimiento que fumaban marihuana, faltaban a clase y pertenecían a pandillas.

Cuando Mike y Dave cayeron en cuenta del resultado de su buen trabajo entraron en unos meses de depresión y se dedicaron a hacer parte del grupo de los demás profesores y a echarle a todo la culpa.

""Culpábamos a todos", decía Mike. "Al Distrito, al superintendente, a los padres, a la comunidad y hasta a la sociedad. Nosotros dos habíamos hecho nuestro trabajo y todos los demás les habían fallado a los chicos".

Entonces una noche de 1993 Mike y Dave se fueron a Damascus, donde tuvieron un momento de claridad —al estilo Jerry McGuire. "Esa noche de repente dejamos de culpar a los demás y decidimos responsabilizarnos a nosotros mismos", dijo Mike. "Vimos al espejo en lugar de mirar tras la lupa y caímos en cuenta que fuimos *nosotros* los que les fallamos. Lo que hicimos como maestros no fue suficiente para prepararlos para el éxito después que los chicos dejaran nuestra clase. Nos preguntamos ¿cómo tendríamos que haberlos preparado para los años de Escuela Media y Superior, para la universidad y la vida? ¿Qué pudimos hacer como maestros para darles unas bases que no se rompieran?

Esa noche los dos profesores escucharon el CD de U2 "Achtung Baby" repetidas veces y hacia las 5:00 am habían diseñado en su computador un revolucionario programa educacional llamado KIPP (Knowlwdge Is a Power Program que en español significa "El conocimiento tiene poder"). La idea era sencilla y profunda a la vez. Comenzar temprano, terminar tarde, hacer clases cada segundo sábado en la mañana, dar dos a tres horas de tarea diarias y pedirles a los padres de familia, profesores y estudiantes tomar su responsabilidad individual y adquirir compromiso en el asunto.

"Fue una noche muy espiritual", me dijo Mike. "Esa noche nos dimos cuenta que si marcábamos la diferencia produciríamos cambios". Y luego continuó: "El principio básico era sencillo. Si nosotros nos comprometíamos a ser verdaderos y excelentes maestros, a incrementar la cantidad de tiempo que estábamos dispuestos a enseñarles a los chicos, entonces sería posible prepararlos para el éxito en la universidad y en la vida. No teníamos que pretender modernizar el sistema, sólo teníamos que trabajar duro para ser mejores maestros y entonces motivaríamos a los chicos a quedarse estudiando".

Mike y Dave hablaron con el rector de la escuela García Elementary en Houston y hallaron allí una audiencia perceptiva. Pero cuando llegó el momento de solicitar la aprobación del Distrito, la respuesta inicial fue no. "Nos preguntaron si estábamos cambiando el currículo y dijimos que no. El Distrito dijo: '¿Cómo van a hacer una reforma educacional si ustedes no cambian el currículo?'. Entonces le contestamos: 'Los chicos comenzarán a las 7:30 am y terminarán a las 5:00 pm'. Y el Distrito preguntó: '¿Así que quieren un programa que incluya más horas por la mañana y que termine más tarde, hacer clase cada segundo sábado pero en una jornada escolar larga?'. Al final nos dijeron: 'Miren, nosotros no lo entendemos pero si logran encontrar cincuenta padres de familia y niños lo suficientemente locos para hacerlo, les autorizaremos el programa'. Así que Dave y yo fuimos de puerta en puerta como vendedores de aspiradoras y cuando terminamos ya teníamos los cincuenta padres y niños que nos dijeron que sí".

Vinieron muchos años de trabajo intenso y de contratiempos pero el modelo tuvo un éxito increíble. Para julio de 2011 KIPP contaba con 109 escuelas, 61 de ellas eran de Educación Media (grados 5-8), 30 eran Escuela Básica Primaria (grados Prescolar-4) y 18 eran de los grados superiores (grados 9-12), todas sirviendo a más de 32.000 estudiantes en 20 Estados y en el Distrito de Columbia. Todas excepto una que es un internado dentro del sistema de escuelas públicas y los estudiantes son aceptados sin importar su récord académico, conducta previa o estado socioeconómico.

Cerca de un tercio de los profesores de KIPP y más de la mitad de sus rectores son alumnos de Teach for America (www.teachforamerica.org). Más del 80% de los estudiantes de KIPP son de familias de bajos recursos y 95% son de origen afroamericano y latino. A nivel nacional más del 90% de los estudiantes de KIPP en Escuela Media ha ido a la preparatoria de los grados superiores para entrar a la universidad y más del 85% de la población estudiantil de KIPP ha cursado programas universitarios. Estas cifras están muy por encima del promedio de sus respectivas comunidades y el público quiere más. Sólo en Houston 8.000 estudiantes están en lista de espera para un cupo de sólo 1.200 sillas.

Más que todo, el trabajo de Mike y Dave, y de otros que los apoyan, ha retado el viejo paradigma de que los chicos de ciudades retiradas se definen de acuerdo a la demografía de su ciudad.[1]

Le pregunté a Mike qué se requiere para tomar acción y producir un cambio. "Primero, no puedes estar culpando a los demás", me dijo. "Nuestra primera reacción fue culpar, pero tú no tienes control sobre lo que sucede allá afuera. Cuando te miras al espejo de repente ves que tienes el poder de hacer algo al respecto". No es coincidencia que las escuelas de KIPP se basen en la sencilla filosofía de que no existen atajos. Si trabajas duro, lo lograrás. Es un mensaje de responsabilidad individual en la más pura de sus esencias. Si no estás triunfando, mira al espejo.

Tales sentimientos son suficientes para persuadir a alguien que desdeñe los conferencistas y libros motivacionales, pero los resultados son demasiado convincentes. En el momento en que miramos hacia afuera en lugar de mirar para adentro somos como Superman cerca de la criptonita: nuestros poderes desaparecen. El mensaje de KIPP es acertado. Ellos no pretenden que el aspecto demográfico no *influencie* el curso de la vida, pero tampoco lo *determina*. La distinción es sutil pero profunda. La comunidad, los padres, la zona de residencia, la crianza, la estatura, la apariencia física y los golpes de suerte, —aspectos como estos *influencian* el destino de todo individuo pero no lo *determinan*—. A eso se debe que la responsabilidad individual sea vital. En el momento en que nos enfocamos en lo que nos es posible cambiar y dejamos de criticar los que los demás deberían estar haciendo, todo cambia.

Malcolm Gladwell le da un vistazo a este concepto en su fascinante libro *Outliers*. Aunque él demuestra que estar en el lugar indicado a la hora correcta tiene gran influencia sobre los resultados, también demuestra que diez mil horas de práctica te harán un experto en lo que sea. Mi punto es que no hay nada que puedas hacer con respecto a llegar al sitio indicado en la hora adecuada, pero sí puedes hacer algo respecto a ti mismo y creo que lo que hagas es primordialmente el factor más importante en cuanto a obtener resultados.

La responsabilidad trae repercusiones

¿Alguna vez has notado que cuando bostezas es muy probable que alguien a tu alrededor también bostece? Hace poco bostecé ¡y hasta mi perro también bostezó! Todos sabemos que bostezar es contagioso ¿pero te has preguntado por qué?

Después de años de intentar contestar esa pregunta los investigadores concluyeron que la respuesta más obvia es la correcta: bostezamos porque imitar la conducta de otros es un rasgo característico del ser humano. Bostezamos con alguien por la misma razón por la cual sonreímos cuando un extraño nos sonríe o nos reímos cuando nos cuentan un chiste, incluso si no lo entendemos. Los seres humanos somos criaturas sociales y el hecho de encajar nos importa. Es probable que esta tendencia a imitar tenga su origen en los inicios del proceso evolutivo de la raza humana debido a que entre más imitamos la conducta de terceros, menos somos tomados como una amenaza.

La conducta humana es contagiosa, sea buena o mala. Todos hemos tenido la experiencia de entrar en algún recinto y ver cómo la queja de una persona acerca de "lo mala que está la situación por aquí" lleva al resto de los presentes a unirse al club de quejas. También hemos vivido la experiencia contraria, presenciando cómo la energía cambia cuando algunos deciden proponer cómo arreglar las circunstancias en lugar de criticar lo mal que están.

La responsabilidad es contagiosa. A esto le llamo *repercusiones de la responsabilidad*. Cuando alguien se decide a tomar acción y cambiar el estado de las cosas, otros también se animan y se llenan de la valentía que no tuvieron antes.

Oponiéndose a la mafia siciliana

Se trata de Silvana Fucito, una tendera de Nápoles, Italia, que decidió enfrentarse a la mafia y desencadenar una barrera de resistencia justo en el centro del territorio mafioso. Nápoles es conocida por su pizza, pero en lo que se refiere a Silvana, fue conocida por *il pizzo*, término italiano utilizado para referirse al dinero que los comerciantes les tienen que pagar a los rufianes de la mafia por protección.

Silvana tenía junto con su esposo, un almacén de pintura al por mayor, su negocio familiar desde hacía casi 30 años. Después de años de trabajo duro el negocio se volvió bastante lucrativo y llegó a tener 10 empleados, pero junto con las crecientes ganancias vinieron las visitas cada vez más frecuentes de los rufianes de la localidad exigiendo cada vez más ascendentes cantidades de dinero. Estos pagos eran comunes en toda la vecindad y se habían convertido en una manera ofensiva pero aceptada de hacer negocios. Los rufianes maltrataron a su esposo, se llevaron mercancía, forzaron a los dueños de otros negocios a cambiarles cheques de orígenes dudosos y cada vez hacían exigencias más absurdas. Silvana llegó a su punto máximo de disgusto y decidió visitar a los maleantes. Los confrontó diciéndoles que no les iba a dar más dinero.

En septiembre de 2002 el edificio de apartamentos en el cual ella tenía ubicado el negocio familiar fue incendiado. Si no hubiera sido por la buena fortuna de que una mamá estaba despierta amamantando a su bebé, el fuego hubiera cobrado muchas vidas. Al principio Silvana se sentía encolerizada al pensar en perder el negocio por el cual ella luchó para construir, sumado al hecho de que 20 familias estuvieron a punto de perecer. La reacción de muchos vecinos fue que finalmente animaron a Silvana Fucito para que protestara. Sin embargo, en lugar de culpar a la mafia, hubo quienes la culparon a ella por revelarse y protestar. Tristemente esto ocurre con frecuencia cuando alguien decide oponerse, sus acciones incomodan tanto el *statu quo* que los apáticos culpan a quien se rebela contra la injusticia.

Resultó que la mafia quemó el negocio de la mujer equivocada. Unos pocos meses después del incendio Silvana fundó una asociación en contra del "raqueteo" destinada a lograr que los residentes de la zona y el gobierno le pusieran fin a la intimidación. Durante el año anterior a que ella fundara la asociación los vecinos reportaron al Departamento de Policía un poco menos de 200 casos de extorsión ¡pero el número se elevó a más de 2.000 en un año! Avisos de *No pizzo* comenzaron a aparecer en las ventanas de los negocios por toda Nápoles. El gobierno italiano, inspirado y quizá avergonzado por la valentía de los ciudadanos, se dio a la tarea de combatir a la mafia decomisándole sus propiedades y cerrando sus negocios. Pero Silvana y su asociación fueron gran parte de la solución al problema.

En un artículo de la revista *Time* del 2005 ella dijo: "Todos hablan de los políticos y de la fuerza policial, pero el problema también nos compete a todos los ciudadanos. Si hay intentos de *pizzo*, atracos o drogas en tu vecindad, debería causarte enojo. Los ciudadanos deben ser los primeros en demandar respeto". (Si quieres leer sobre Silvana Fucito encuentras información en http://www.time.com/time/europe/hero2005/fucito.html y sobre su campaña en un artículo de *Financial Times* titulado "Naples Fight to Reclaim the Mafia Badlands", escrito por Guy Dinmore el 27 de septiembre de 2010).

Silvana Fucito tomó cartas en el asunto y sirvió de inspiración a otros para hacer lo mismo. Sus acciones crearon un efecto con repercusiones urgiendo a los demás a oponerse aunque al comienzo algunos hasta la culparon de causar ese fuego potencialmente mortal y a pesar de que ella todavía requiere protección constante, su elección de marcar la diferencia cuando otros se hubieran retractado dio pie a un resultado que sigue vigente.

Por eso su historia es única. A lo largo de esta lectura verás una y otra vez que decidirte a actuar inspira y reta a quienes te rodean. La responsabilidad tiene repercusiones.

Repercusiones diarias de la responsabilidad

A pesar de que las repercusiones que tiene la responsabilidad causan un impacto e inconvenientes mayores tales como sentar precedentes frente a un rufián y transformar el sistema educativo de una ciudad alejada, el efecto de este principio también tiene repercusiones personales. Cualquiera que se haya involucrado en una relación de pareja ha experimentado en algún momento el círculo de culpabilidad que surge cuando cada una de las dos partes ve los problemas de la pareja desde la perspectiva de culpar al otro.

Un amigo experimentaba este círculo cuando su esposa lo culpaba por la falta de tiempo personal del que ella disponía diciéndole que si él se responsabilizara más de las cuestiones del hogar entonces ella tendría más tiempo para sí misma. Según él, ella se atribuyó cargas que no necesitaba y además era importante que sus hijos adolescentes adquirieran mayores responsabilidades. También sentía que parte de ella disfrutaba de sentirse la víctima y se enfocaba en la familia hasta cuando tenía tiempo libre. Los dos estaban enfrascados en una guerra entre sí en la que se culpaban mutuamente.

Le sugerí a mi amigo que le diera otro giro a la situación aceptando la responsabilidad que le correspondía: "A lo mejor ella sí se toma trabajos que no son necesarios", le dije, "y quizá los chicos en verdad deben responsabilizarse más, también es posible que parte de ella sí quiera jugar a ser mártir, pero tú no puedes hacer nada al respecto". Le aconsejé que diera el paso y tomara su responsabilidad por cualquiera que fuera su parte de culpa en la situación y él así lo hizo, le dijo a su esposa que ella estaba en lo cierto al decir que él la había dejado tomar a su cargo demasiado quehacer y que él estaba dispuesto a colaborar más. Mi amigo comenzó a desarrollar más tareas hogareñas, a estar más pendiente de la casa y de los hijos.

Algo asombroso ocurrió. Unas pocas semanas más tarde ella le dijo: "Sabes que parte de lo que haces también es tarea mía. Es probable que tengas razón al decir que los chicos aprendieron a descargar sus responsabilidades sobre mí. De pronto lo que debo es hacer lo que necesito hacer por mí misma y confiar en que los demás también hagan su parte".

Bueno, no me malinterpretes. La situación entre ellos no se arregló de inmediato, pero el curso de las cosas pasó de preocuparse en a quién culpar a ver qué podían hacer cada quien para arreglar la situación. Pero alguien tuvo que aceptar su responsabilidad primero. Por eso digo que la responsabilidad tiene repercusiones.

Este es otro ejemplo de eso. Mi socia, una profesora, tuvo un inconveniente con una colega que decidió llevar a mayores la situación y le pidió al rector de la institución que interviniera para facilitar una conversación acerca del altercado. Mi socia estaba furiosa porque sentía que era por entero culpa de su colega al haber exagerado la situación y además había violado una norma tácita entre profesores por no lidiar con ella directamente.

La noche anterior al encuentro para arreglar el problema con su colega mi socia me dijo que iba a encargarse de demostrarle a su colega que ella tuvo la culpa. Yo le sugerí que a lo mejor ella también había tenido una pequeña parte de responsabilidad al iniciar el problema y al discutirlo entre nosotros poco a poco decidió comenzar la reunión con su colega disculpándose por algunos comentarios que hizo y que agravaron la situación, además reconoció que sentía mucho que su colega pensara que ella fue una insensible. No era de sorprender que esas palabras de su parte abrieran la posibilidad a que su colega hiciera lo mismo. La reunión terminó por ser productiva en lugar de confrontante.

En cada situación todos tenemos parte de responsabilidad. Cuando nos enfocamos en nuestra parte en lugar de la de los demás, algo cambia. Esta es una de las enseñanzas más valiosas que necesitamos darles a nuestros hijos: enfócate en cómo estás ayudando a solucionar un inconveniente en lugar de estar siempre orientado en lo que los demás están o no aportando. Responsabilízate y la mayoría de las veces los demás también se responsabilizarán.

El fascinante experimento de las luces en el teatro

Un amigo mío me contó sobre un fascinante estudió sobre el cual leyó cuando estaba en la universidad. Se trataba de unos investigadores que llenaron un teatro con participantes para un experimento durante el cual proyectaron una pequeña luz en la pared principal. Quienes participaban en el estudio tenían que levantar la mano cada vez que vieran la luz moverse. Algunos observadores —mejor dicho, miembros investigadores haciéndose pasar por participantes— también se encontraban en el teatro mezclados entre la gente.

Luego de algunos minutos un observador/investigador de los que estaba entre el público, levantó su mano indicando que había visto la luz moverse. Un minuto más tarde otro observador/investigador también la levantó. Pronto un gran número de participantes había levantado la mano para decir que vio la luz en movimiento. Al final de la prueba la mayoría de los participantes había dicho que vio la luz moverse. La realidad fue que la luz nunca se movió.

La tendencia humana a seguir el comportamiento de los demás está muy arraigada, como ilustra ese experimento. Esta tendencia tiene consecuencias negativas cuando grupos enteros de personas actúan de forma ritual. Pero este rasgo también significa que cuando decidimos actuar para crear cambios positivos existen probabilidades muy altas de que nuestro movimiento desencadene un efecto positivo inesperado.

Formas de marcar la diferencia

⇨ **Hallarte culpando a alguien por alguna situación.** Cuando te pongas en ese plan, pregúntate: "¿De qué manera estoy contribuyendo a este problema?". Piensa: "¿Qué debo hacer para mejorar esta situación?".

⇨ **Identifica tus cinco filas de influencia.** Observa quién a tu alrededor puede verse afectado por tus acciones. Si empiezas a sonreír más, ¡piensa cuánta gente que te rodea comenzará también a sonreír!

NOTA

1. La historia de KIPP es controversial. Algunos opinan que los organizadores han seleccionado a los mejores estudiantes y que la mayoría de quienes organizan está conformada por padres de familia y que a eso se debe que KIPP sea un grupo de estudiantes único. Por consiguiente, según dicha teoría, esos estudiantes habrían sido recibidos en cualquier entidad educativa y el hecho de asignarlos en un programa separado podría hasta afectar las escuelas que ellos dejaron. A pesar de eso el Programa KIPP ha provocado muchos otros esfuerzos que han producido resultados similares. Geoffrey Canada le da crédito a KIPP en su libro *Whatever It Takes* por la influencia que ejerció en Harlem.

   Mi punto de vista es que los resultados hablan por sí mismos. Si alguien quiere ver resultados como los de KIPP en un tiempo real, rente la película *Waiting for Superman*.

   La gente también pregunta si los profesores de KIPP reciben algún pago por esas horas extra. Rodrigo Herrera, encargado del programa, me dijo: "El salario de los profesores de KIPP en muchos lugares está entre el 5% y el 10% por encima de lo que los distritos cercanos pagan a sus maestros. La diferencia es que en KIPP ellos reciben su pago con gusto. La realidad es que la gente que allí trabaja no se guía por el salario. Queremos pagarles lo suficiente como para que no tengan preocupaciones económicas pero ellos vienen a nuestro programa por las altas expectativas hacia los logros de los estudiantes y porque quieren trabajar con otros colegas que compartan esa misma perspectiva".

CAPÍTULO 2

Esa no es mi función ni mi culpa

Existen dos clases de personas en el mundo: las que hacen que las cosas sucedan y las que se quejan de lo que está sucediendo.

¿Cuántas veces en una semana promedio escuchas a alguien expresar sentimientos como estos? "¡Esa no es mi función! No fue mi culpa. Así soy yo. Así son las cosas. ¿Qué puedo yo hacer al respecto? Eso es más fuerte que yo".

Si marcar la diferencia significa adquirir la responsabilidad de producir cambios en lugar de esperar a que otros actúen, a lo mejor te preguntes: "¿Qué gano yo con adquirir esa responsabilidad?". En este capítulo sostendré que serás más feliz, obtendrás mayor éxito y lo más importante, tendrás mayor influencia si desarraigas de ti esa manera de pensar y actuar. La gente que dice: "Ese es mi deber, algo de eso es mi responsabilidad, puedo ser diferente y no acepto lo que está ocurriendo" es más feliz y exitosa que aquellos que se enfocan fuera de sí mismos.

Centro de control: ¿víctima o propiciador?

Centro de control es un concepto en sicología social que se refiere a qué tanto los individuos creen que logran controlar los eventos que los afectan. Dicho concepto fue desarrollado primero por Julian Rotter en 1954 y se ha convertido en un enfoque importante en el estudio de la personalidad. El término "centro" se deriva de *locus* —término en latín que significa lugar, locación o situación—, el cual puede ser interno o externo. En la década de 1960 Rotter investigó sobre las implicaciones de nuestra tendencia a atribuirles los éxitos y fracasos a fuerzas internas (aquellas sobre las cuales tenemos control) o a fuerzas externas (las que están fuera de nuestro alcance).

Como humanos caemos en cualquiera de esos dos campos: hay quienes su centro de control es *interno* y son aquellas personas que actúan y hacen que las cosas ocurran, otros tiene su centro de control *externo* y son quienes dejan que las cosas les sucedan. Los individuos con alto centro de control interno creen que los eventos resultan en primera instancia de su conducta y acciones. Yo les llamo *propiciadores* porque ellos piensan que en gran parte se forjan su destino.

Aquellos cuyo centro de control es externo permiten que otros agentes poderosos como el destino o la suerte determinen principalmente los eventos que les ocurren. A ellos les llamo *víctimas* porque sienten que la vida les hace jugadas y que no son ellos quienes hacen que los eventos sucedan.

Las investigaciones muestran que el centro de control externo (pensamiento de víctima) está relacionado con un más alto nivel de estrés y con una mayor tendencia hacia la depresión clínica. Por otra parte, los propiciadores —gente que opina que sus acciones influencian la realidad— han resultado ser más felices y exitosos.

Las organizaciones también son más saludables cuando cuentan con gente propiciadora que con víctimas. Imagina por un momento cómo la gente con control externo *versus* aquella con control interno se comporta dentro de una empresa, comunidad o sociedad. La gente con control externo, o víctimas, se enfocará en esperar a alguien más que determine el destino de la organización. Las palabras *"ellos"* y *"tú"* serán la forma más común de iniciar cada una de sus frases. El significado de "ellos" puede ser el mercado, el gerente ejecutivo, los supervisores, la competencia o la economía. Ellos dirían frases como:

"Todo estaría mejor aquí si el gerente ejecutivo hiciera esto", "Mis resultados serían más altos si el mercado se incrementara" y "El servicio al cliente mejoraría si los otros departamentos colaboraran".

Cuando sujetos con mentalidad de víctima hablaran de sus experiencias en su lugar de trabajo es muy posible que se referirían a ellas como la responsabilidad que tienen los demás de hacerlos felices. Dirían: "Si tuviera un mejor jefe, un mejor trabajo, si hubiera sido promovido el año pasado, entonces estaría feliz en mi trabajo".

Las víctimas también son menos dadas a tomar iniciativas porque sienten que de todas formas los resultados no están en sus manos. Una organización llena de víctimas por lo general tendrá bajos incentivos, una conducta adversa hacia los retos y hallará difícil implementar cambios. La gente con pensamientos de víctima analizará la sociedad y dirá que el gobierno debería hacer algo respecto a la pobreza, el crimen y el medio ambiente. Ellos se lavarían las manos en cuanto a los problemas más grandes que enfrentamos como sociedad diciendo: "¿Qué puedo hacer yo, e inclusive todos nosotros, con relación a eso?". Liberarían de su responsabilidad a los líderes al creer que algunas cosas sencillamente no tienen arreglo porque "son como son".

Ahora, cómo sería de distinta una sociedad, una organización (o tu vida) si estuvieran llenas de propiciadores, gente con un fuerte control interno. Si ellos estuvieran inconformes en su trabajo no estarían culpando a otros sino que buscarían dentro de sí las respuestas. Si quisieran desarrollar su carrera, buscarían lo que quieren en lugar de quejarse de que no lo están obteniendo. Antes de actuar como víctimas tomarían la iniciativa para resolver la situación. Probablemente tendrían menos tendencia a señalar a los otros departamentos o al mercado cuando la situación esté mala y en lugar de eso mirarían en su interior para ver cómo cambiar o adaptarse al momento. Lo mismo ocurre al interior de la sociedad. Los propiciadores estarían en menos disposición de apuntar el dedo hacia alguien más para que cambie las circunstancias, además ellos no renuncian a los asuntos sociales difíciles que estamos enfrentando.

¿Sociedad víctima?

Es obvio que la mayoría de nosotros está en medio de esos dos extremos. A veces actuamos como víctimas apuntando a terceros y en otras ocasiones actuamos como propiciadores y miramos en nuestro interior en busca de soluciones. Incluso aquellos que tienden a ser propiciadores actúan como víctimas ocasionales y esos que tienden a actuar como víctimas también tienen momentos en que ven el potencial para cambiar circunstancias adversas. Hay otras ocasiones en que no somos tan víctimas como para aceptar lo que viene sin revelarnos. El pensamiento de víctima y la frecuencia en que el centro de control interno predomina no son siempre idénticos pero lo que me inquieta es que el pensamiento de víctima se está volviendo más y más generalizado.

Después de analizar los resultados de los estudios realizados utilizando la escala de control de Rotter con gente joven desde 1960 hasta el 2002, Jean Twenge, un investigador prolífico de San Diego State University, encontró un patrón preocupante. En un blog publicado en enero 26 de 2010 en la web de *Psychology Today* (www.psychologytoday.com), Peter Gray escribió sus hallazgos: "Los puntajes promedio cambiaron dramáticamente... entre los estudiantes universitarios —alejados de control interno e inclinados hacia la escala del control externo—. De hecho, el giro era tan bueno que el control del joven promedio en el 2002 era más externo, hasta el punto que llego a ser el 80% mayor que entre la gente joven en la década de 1960. El aumento en la escala de Rotter en ese periodo de 42 años mostró el mismo patrón lineal que el aumento en la depresión y la ansiedad".

Con razón la revista *Time* publicó una historia en su portada a mediados de la década pasada bajo el título "Victim Nation".

El pensamiento de víctima llega a adquirir proporciones cómicas. ¿Recuerdas hace algunos años cuando alguien demandó a McDonald's —y ganó el caso— porque el demandante se derramó su café causándose una quemadura? Desde ese entonces los vasos del café tienen un letrero que dice *¡ADVERTENCIA: CALIENTE!* ¡Qué ocurrencia! Por supuesto que el café está caliente y no tenemos para qué culpar a otros cada vez que algo así ocurre.

El incidente de McDonald's sería una simple diversión si esta tendencia a culpar a los demás por nuestros problemas no fuera tan común. Algunos maestros amigos míos me contaron otro desastre parecido. En generaciones pasadas, si Juanito estaba teniendo problemas en la escuela, lo más probable era que sus padres fueran allí para preguntar: "¿Qué está haciendo Juanito?" Y el niño muy seguramente era reprendido por sus padres y se le exigiría mejores resultados. Hoy los padres llegan a la escuela cuestionando qué pasa con los profesores, la educación y el sistema que mantiene a Juanito alejado de alcanzar su verdadero potencial.

Dejando a un lado por un momento si es más la culpa de Juanito que del sistema, hagámonos esta pregunta: ¿Qué beneficiará al niño más durante su vida adulta: trabajar en la parte del problema que le corresponde o aprender de sus padres que cuando el asunto anda mal es por culpa de alguien más? Pregúntate qué te ayudará más: ¿enfocarte en lo que tú puedes cambiar o en aquel factor externo fuera de tu control que te limita?

¿Eres externo o interno?

La consecuencia de tener una fuerte tendencia hacia el pensamiento de víctima es que la gran mayoría sentimos que el futuro no está en nuestras manos sino en poder de fuerzas ajenas a nosotros. Y como el centro de control interno está correlacionado de manera positiva con la felicidad, el éxito e iniciativa, mientras que el centro de control externo va en conjunto con ansiedad y depresión, es bastante claro que gran parte de las organizaciones y la sociedad serían mejor si más de nosotros creyéramos que es posible cambiar el *statu quo*. Si vamos a marcar la diferencia, primero tenemos que dar un giro en la forma de pensar dejando de creer que las circunstancias están controladas desde *afuera* y nos convencemos que están bajo *nuestro* control.

Desde luego que la verdad acerca de este mundo está en algún punto entre esos dos extremos. Los eventos externos sí determinan una parte de la felicidad y el éxito. Tu jefe a lo mejor es desesperante, o de pronto tu cónyuge. Otros tienen muy buena suerte. En fin, existen muchos factores fuera de tu control que manejan en gran manera los problemas de actualidad. El calentamiento global no ocurrió sólo porque esta mañana te fuiste a un viaje innecesario en un carro que consumía mucha gasolina. Pero el punto es que cuando nos enfocamos en los que *nosotros* podemos cambiar en lugar de pensar en cómo el resto del mundo debería hacerlo, nos sentimos más en control. Además —y esto en verdad importa— ¡de todas formas tú eres lo único sobre lo cual tienes control!

Como decía mi amigo Matt cuando tenía una jefa que era un completo dolor de cabeza: "Pasé meses luchando con el hecho de que ella tenía un desorden de personalidad pero todo cambió cuando comencé a preguntarme cómo haría para adaptarme a trabajar con alguien como ella".

En toda situación es posible que tengamos sólo el 10% de responsabilidad por lo que está ocurriendo, pero cuando nos enfocamos en cómo podemos cambiar nuestra parte, la perspectiva cambia.

Este es un gran ejemplo de lo que pasa cuando tu centro de control es interno. Uno de mis clientes, una empresa de telecomunicaciones en el Este de Estados Unidos, tiene muchos almacenes de venta de inalámbricos al detal en sitios no muy bien ubicados con contratos que no se pueden romper. Los administradores de esos almacenes tienen suficientes razones como para culpar al ambiente externo de sus bajas ventas, comparados con los almacenes más nuevos instalados en mejores lugares. La mayoría de los administradores se queja de su mala suerte e invierte su tiempo en procurar una asignación en una tienda mejor localizada. Pero uno de los administradores se enfocó en el 10% que está bajo su influencia.

Él retó a su equipo a no actuar como víctimas sino a pensar qué hacer a pesar de la mala ubicación del lugar. Él comprometió a sus empleados a ir fuera de la tienda y encontrar los clientes en lugar de quedarse en el mismo lugar esperando a que los interesados llegaran al almacén. Él le dijo a su equipo: "No hay nada que podamos hacer con respecto a la localización de la tienda pero tenemos la opción de no pensar como víctimas". Entonces hicieron una lluvia de ideas para obtener éxito a pesar del problema y tomaron cada uno una iniciativa individual. Fue así como comenzaron a relacionarse con la comunidad y a hallar a los clientes donde ellos se encontraban. Empezaron a ofrecerse como voluntarios en eventos locales y ayudando a hacer propaganda. Hasta se dieron a la tarea de cambiarle las llantas a la gente en parqueaderos y ofrecer otra clase de ayudas. Repartieron tarjetas en la recepción de los edificios de oficinas. Al final sus resultados fueron mucho mejor que los de las tiendas mejor localizadas, en gran parte porque ellos tomaron responsabilidad por lo que podían arreglar en lugar de enfocarse en los factores externos que estaban fuera de su control.

¿Mentalidad flexible o rígida?

He aquí otra parte de la investigación para tener en cuenta. No se trata nada más de cómo vemos el mundo, sino que también tiene que ver con cómo nos vemos a nosotros mismos y cómo esto influye en la manera en que marcamos la diferencia. Un estudio hecho por Carol Dweck, una profesora de Stanford University, muestra que hay quienes tienen una forma de pensar *flexible* mientras que otras personas son *rígidas* en su manera de ver al mundo, hecho que ayuda a comprender por qué algunos individuos son más exitosos. Ella descubrió que quienes tienen un pensamiento rígido tienden a pensar de sí mismos que poseen un conjunto de talentos y dones incambiables; por su parte, aquellos que tienen una mente flexible tienden a pensar que cuentan con la capacidad de crecer y aprender nuevas habilidades.

En su fascinante estudio con estudiantes en edades de escuela elemental, Dweck descubrió que cuando los niños eran elogiados por su esfuerzo, sin importar la dificultad de la asignación ni qué tan bien se desempeñaran, ellos aceptaban tareas más difíciles con tal de mejorar. Esos elogios hacia sus aptitudes innatas tendían a facilitarles que presentaran sus evaluaciones con mayor facilidad al sentirse elogiados.

Tal como Po Bronson reportó en febrero 11 de 2007 en la edición de *New York Magazine*, unos investigadores hicieron un estudio tomando como base un salón de clase llenos de niños que se encontraban cumpliendo una sanción durante su horario escolar y le practicaron a niño por niño un test no verbal de inteligencia consistente en una serie de rompecabezas lo suficientemente fácil como para que cualquiera de ellos lo armara sin ningún inconveniente. Tan pronto cada niño terminó, los investigadores le dieron su calificación y una frase de felicitaciones. Divididos en grupos aparte a algunos les dijeron, por ejemplo: "¡Fuiste muy inteligente al haber realizado esto!". A otros les dijeron: "Trabajaste de manera realmente esforzada. ¡Muy bien!".

Luego se les dio a los estudiantes la opción de elegir qué clase de prueba escogían para continuar con la segunda parte del test. Una opción era más difícil pero los investigadores animaron a los niños diciéndoles que ellos habían aprendido mucho con la experiencia de armar los rompecabezas. La otra opción, explicaba el equipo de Dweck, era una prueba fácil, similar a la primera. De los niños que recibieron elogios por su esfuerzo, el 90% de los participantes eligió la prueba más difícil. Los que recibieron elogios destacándoles el grado de inteligencia, casi en su totalidad eligieron la prueba fácil. Los niños "inteligentes" optaron por la salida fácil. Fue casi como si esos elogios refiriéndose a su excelente nivel de inteligencia les impidieran tomar el riesgo de equivocarse; mientras que los niños elogiados por su esfuerzo quisieron aceptar mayores riesgos, creyendo poder superarlos.

Esta investigación, descrita en detalle en el libro de Dweck titulado *Mindset: The New Psychology of Success* (Balantine, 2007), ejerce una gran influencia en cualquier organización o escuela. Si queremos gente que se levante y cambie el estado de las cosas, necesitamos asegurarnos de elogiarla por su esfuerzo, no sólo por los resultados. Cuando la gente cree que el esfuerzo, más que algún conjunto de habilidades innatas, lleva al éxito, se levanta y lo intenta de nuevo con más fuerza. ¿Adivina qué pasa cuando nos vemos a sí mismos como a personas capaces de desarrollar un conjunto de destrezas, talentos y aptitudes? Que enfrentamos los riesgos que se requieren para lograrlo.

Mi hija Lena es profesora de Arte en una escuela pública de Chicago. La elección de su carrera me pareció irónica puesto que ni su madre ni yo tenemos ninguna aptitud aparente en esa área. De hecho, desde que yo era muy niño asumí que no tenía ninguna clase de habilidades artísticas. Dado este antecedente estaba fascinado con la investigación de Dweck en lo referente a que los estudiantes que creen que tienen muy poco o ningún talento artístico tienen la capacidad para ser transformados a lo largo de una semana para lograr buenas pinturas. Ella dice que los estudiantes pasan de producir pinturas durante la primera clase, que parecen hechas por niños de primer grado de primaria, a lograr resultados que a primera vista lucen muy bien.

Desde nuestro centro de control, muchos estamos ubicados en algún lugar intermedio ubicado entre los extremos de determinada manera de pensar. A veces nos ubicamos dentro de una forma de pensar rígida, creyendo que nuestros talentos, habilidades y aptitudes están congelados en cierto nivel. Ciertamente existen límites hasta los cuales es posible desarrollarnos. Yo amo el basquetbol pero jamás seré Michael Jordan. Sin embargo muchos limitan su crecimiento cayendo en la creencia de que "hasta aquí llego con mis habilidades".

Cuando combinamos una manera de pensar rígida con el pensamiento de víctima, las posibilidades de nunca llegar a levantarnos son muy altas. Nuestro centro de control está relacionado con la forma en que vemos el mundo mientras que la mentalidad es acerca de cómo nos vemos a sí mismos. Si creemos que no podemos cambiar, ¿entonces para qué levantarnos y tratar de mejorar? Si estamos convencidos de que los eventos externos le dan forma al futuro, ¿para qué levantarnos y tratar de empezar a hacer cambios con respecto a nuestra vida?

Cambia tu cerebro marcando la diferencia

No me es del todo claro cómo cambiar para pasar de ser víctimas a ser promotores de nuevas cosas pero tengo la fuerte sospecha de que, de la misma manera en que ocurre con otras actividades que incluyen el uso de la mente, la práctica nos lleva a la perfección. Como Álvaro Pascual Leone de Harvard, uno de los más famosos neurocientíficos me dijo: "Desde la perspectiva del cerebro, cada vez que hacemos algo frecuentemente es más factible que lo volvamos a realizar, así como cuando no realizamos una actividad con tanta frecuencia decrece la posibilidad de volverla a llevar a cabo". De hecho, en la actualidad sabemos que el cerebro humano evoluciona y cambia durante el curso de la vida basado en nuestras experiencias. Cada vez que actuamos como víctimas o incurrimos en una mentalidad rígida sobre nosotros mismos reforzamos esa conducta y pensamiento. Y cada vez que decidimos levantarnos y tomar la responsabilidad de un cambio, incrementamos las posibilidades de lograrlo. Es muy posible que al dar el paso adelante y responsabilizarnos estemos creando nuevas neuroconexiones, cambiando literalmente nuestro cerebro en el proceso.

¿Vas a ser una víctima o un protagonista?

Es posible que nos hagamos estas preguntas: ¿Voy a ser la víctima o el protagonista en los diferentes escenarios en los que me encuentre en este día? ¿Analizaré primero lo que puedo hacer para lograr excelentes resultados o me conformaré con culpar a otros? ¿Estoy dispuesto a aceptar que sencillamente no soy bueno en cierta área o prefiero creer que el trabajo arduo y el esfuerzo me recompensarán con nuevas habilidades que ignoraba que tenía? Dar el paso adelante significa verte a ti mismo y a los demás como personas capaces de provocar cambios. Es acerca de creer que las circunstancias se pueden mejorar si nos lo proponemos y que la realidad está hecha principalmente conforme a nuestra manera de pensar.

Lo que es más, aquellos que dicen: "Es mi trabajo, era mi forma de hacerlo pero hagamos lo que haya que hacer para comenzar a mejorarlo", son también aquella clase de gente que tiende a estar a la vanguardia en su organización o empresa. Ser alguien que dice: "Es mi trabajo, déjame hacer lo que sea necesario, salgamos y cambiemos las cosas", hará que seas una persona que se destaca y asciende. Así de simple. Hasta puede lograr que tus relaciones mejoren y que contribuyas a marcar una gran diferencia *en el mundo*.

Formas de marcar la diferencia

⇨ Termina con la mentalidad de víctima y sé el protagonista. Cada vez que te veas tentado a pensar que te han hecho algún mal, pregúntate qué puedes hacer con lo que tienes a mano. Fuerzas externas afectan nuestro destino pero no podemos controlarlas. Enfócate en lo que sí puedes controlar.

⇨ Enfrenta la mentalidad rígida. Termina esta frase: Yo no soy _____. A lo mejor dijiste que no eres romántico, ni sociable, ni buen padre, ni asertivo, y cosas por el estilo. Ahora revierte tu frase: Con esfuerzo, puedo ser más romántico, sociable, asertivo, etc. Elije no rendirte frente a tu mentalidad rígida. Haz lo mismo con otros y con tu organización. En lugar de decir que ellos nunca cambiarán ni serán diferentes, elige cambiar tu pensamiento hacia lo que es posible mejorar.

⇨ Ayuda a tus hijos a enfocarse en cómo adaptarse en lugar de culpar. Seguro, ellos conocerán personas que les sabotearán su éxito pero enfocándose en cómo adaptarse les ayudará a lograr mayores metas independientemente de las circunstancias que tengan que enfrentar.

CAPÍTULO 3

Yo soy sólo una persona

"Nunca dudes que un pequeño grupo de ciudadanos involucrados y comprometidos pueden cambiar el mundo. De hecho, ellos son los únicos que lo han logrado".
Margaret Mead, reconocida antropóloga

Me daba la impresión de que marcar la diferencia para iniciar un cambio era algo innato en cada ser humano. Así que cuando comencé a investigar y explorar el concepto de marcar la diferencia comencé a preguntarme ¿por qué con frecuencia no echamos mano de nuestro poder para cambiar el *statu quo*?

Mi casa editorial, Berrett-Koehler, condujo una encuesta en línea para tratar de entender por qué no damos ese paso en firme. Hicimos una pregunta muy sencilla: ¿Por qué no marcamos la diferencia? Las respuestas de 325 personas a lo largo y ancho de Estados Unidos y Canadá, muchas de las cuales son profesionales, revelaron cuatro razones primordiales por las cuales la gente no procede a lograr cambios. La respuesta más frecuente fue: "La creencia de no poder cambiar las cosas/ Soy solamente una persona" (46%), seguida de la creencia de

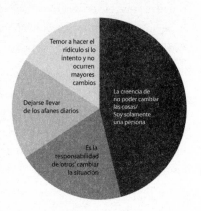

que "es la responsabilidad de 'otros' cambiar la situación" (20%); "dejarse llevar de los afanes diarios" (18%), y "el temor a hacer el ridículo si lo intento y no ocurren mayores cambios" (16%).

El poder de la influencia colectiva: ¿Por qué creemos que no podemos cambiar el *statu quo*?

Comencemos con la respuesta más común, la creencia de que no es posible cambiar la situación y que "yo soy solamente una persona" queriendo cambiarla. Algo que nos retiene de marcar la diferencia es precisamente pensar que una sola persona no logra mayores cambios. Incluso quienes se han puesto en la brecha y alcanzado grandes metas han dudado con frecuencia lo que el efecto de una sola persona consigue realizar. Un individuo a quien entrevisté me dijo: "Sé que lo que he hecho es nada más que una gota en un balde con muchos huecos".

Con todo y eso la Historia nos muestra que una sola persona a menudo marca una gran diferencia y que detrás de la mayoría de los cambios más importantes hubo alguien o un pequeño grupo de gente que los lideraba. Una razón por la cual es probable que nos sintamos desanimados de dar el paso es que olvidamos tener en cuenta lo que yo le llamo la *influencia colectiva*. Nos limitamos a mirar nada más nuestras acciones y las medimos como pequeñas pero olvidamos que nuestra influencia llega a ser muy amplia cuando concuerda con las acciones de otros. La paradoja de dicha influencia colectiva es que mientras que el verdadero cambio depende en muchas ocasiones de la acción que emprendan unas cuantas personas, al final dicha influencia colectiva requiere de actos individuales.

Veamos algunos ejemplos. Yo vivo en una vecindad en medio de una gran ciudad. En parte porque muchos turistas y otros visitantes (junto con mucha gente sin hogar) caminan por nuestra área, se encuentra mucha basura por todas partes. Para mantener el lugar limpio yo casi siempre la recojo cuando voy caminando por mi vecindario.

De otra parte, mis acciones como una sola persona tienen un pequeño impacto en cuanto a la limpieza de la comunidad. Si el 10% de la gente se comportara como yo lo hago existe muy poca duda de que esa influencia colectiva lograría un lugar mucho más limpio. La paradoja es que yo tengo la facultad para controlar exclusivamente mis propias acciones y no soy nada más que una persona, pero la influencia colectiva de personas solas como yo se convierte en una fuerza muy significativa.

Lo mismo es cierto dentro de cualquier organización. Supongamos que la compañía para la que trabajas tiene una imagen muy pobre en el mercado cuando se trata de proveer servicio personalizado de calidad. Tú decides que quieres hacer algo al respecto pero piensas: "Pero yo soy solamente una persona". Imagina lo que ocurriría si el 10% de la gente que pertenece a la organización se uniera a la misión de transformar la imagen que tienen los clientes acerca de la empresa. Tu paso al frente probablemente no cambie las circunstancias, pero cuando se combina con el esfuerzo de otros, la imagen de toda una organización sí se logra cambiar.

Tomemos un problema mayor. Los océanos de nuestro planeta están en condiciones deplorables que aumentan. Las dos mayores contribuciones a ese estado oceánico son la sobrepesca y la basura. Alrededor del mundo, incluso si los lugares más remotos como Midway Island, la cual está ubicada a más de 2.000 millas de un área continental, las aves y la fauna acuática se asfixian entre la basura que la gente arroja a los océanos. Dicha basura está conformada en gran manera de plásticos no biodegradables. El lugar simbólico más evidente de este asunto se conoce como "The Great Pacific Garbage Patch", una zona en la que la basura se ha acumulado en el Océano Pacífico en un tamaño más o menos tan grande como el del Estado de Texas. Es correcto, ¡TEXAS!

La mejor forma de imaginar este lugar es pensando en cómo se vería un acumulamiento flotante de basura recolectada desde 1950. El riesgo ambiental causado por The Great Pacific Garbage Patch es bastante significativo. La zona alberga vida marina muy mínima pero las aves, los mamíferos marinos y los peces confunden la basura con la comida (ver www.midwayjourney.com). La basura contiene una carga explosiva: toxinas provenientes del aceite que se ha acumulado en los plásticos. Estos últimos parecen absorber y concentrar dichas toxinas, las cuales consumen algunas reticentes criaturas marinas.

En últimas, nosotros, los seres humanos, terminamos por reciclar tales toxinas cuando consumimos comida de mar.

¿Qué es capaz de lograr una sola persona con respecto a toda esta basura que asfixia los océanos? Bueno, si lo piensas, este es un problema que se resuelve ÚNICAMENTE mediante una persona a la vez. Es por eso que cada que estoy en una playa o incluso en una calle en la que la basura pueda ser conducida a un drenaje, es mi trabajo recogerla. Es por eso que he decidido acogerme a una sencilla premisa, a la cual espero que tú también te acojas: ni pitillos, ni botellas ni bolsas hechos en plástico. Sé que soy sólo una persona y que en cierto sentido mis acciones son insignificantes. Pero la influencia colectiva de una persona multiplicada por millones que tienen cuidado de lo que arrojan a los océanos, ríos y lagos, no tiene medida. De hecho, ningún gobierno, ni siquiera las Naciones Unidas, tienen la capacidad de resolver el problema de las basuras en los océanos pero es posible resolverlo mediante la diferencia que esté dispuesta a marcar una persona multiplicada por todas las que también quieran unirse a la causa.

¿Todavía dudas en cuanto a que una sola persona cuenta? Veamos el caso de Beth Terry, una contadora californiana que leyó un artículo en el 2007 acerca del problema de las basuras oceánicas y vio unas fotos de aves en el Sur del Pacífico asfixiándose con unas tapas de las botellas plásticas y unos cepillos de dientes. Ella era sólo una persona pero inició por sí misma una campaña para deshacerse tanto como le fuera posible de la cantidad de elementos de plástico que ella utilizaba y comenzó a escribir en su blog sobre sus esfuerzos personales (www.myplasticfreelife.com). Aunque ella todavía se sostiene de su profesión como contadora, se ha convertido en conferencista regular en los medios de comunicación y en un símbolo de *Ladies Home Journal* y *ABC News*, conduciendo personalmente una campaña para conseguir que Clorox emprenda un programa de reciclaje para sus filtros de agua Brita, los cuales hasta entonces no se podían reciclar. Ella es sólo una persona pero no ha parado de marcar una enorme diferencia. A propósito, 40 millones de botellas de agua se arrojan a la basura diariamente. ¡Eso es cerca de 10 billones al año!

¿Qué pasa si damos un paso al frente y al final nada cambia?

Cerca de una sexta parte de la gente que contestó nuestra encuesta dijo que el temor al fracaso era otra razón por la cual no hacían un cambio ni marcaban una diferencia. ¿Qué pasa si damos un paso al frente y al final nada cambia? Después de todo, por cada persona que se ha propuesto hacer cambios debe haber muchas otras que se atrevieron pero pronto fracasaron. ¿Qué si doy un paso al frente y trato de tomar la iniciativa en mi lugar de trabajo y otros no apoyan? ¿Qué si intento hacer algún cambio en mí mismo y veo que, a pesar de mis esfuerzos, no consigo mejorar?

Es cierto que aunque nos lo propongamos no hay una garantía de cambio. De repente te lo propongas y consigas cambiar pero de todas maneras tu matrimonio fracase, a lo mejor intentes incentivar a tus colegas a mejorar sin conseguir ningún resultado final y es cierto que renunciando a usar botellas plásticas y recogiendo la basura para evitar que esta llegue al mar, aun así el remolino de basura crezca. Pero esta es una gran verdad: te garantizo 100% que nada cambiará si tú no marcas la diferencia. Y lo que es más, es muy posible que tengamos que arrepentirnos de habernos quedado como observadores expectantes y fracasados. Esto es algo que aprendí durante una entrevista con gente mayor cuando estaba escribiendo mi bestseller *The Five Secrets You Must Discover Before You Die*, la gente rara vez se arrepiente de sus fracasos, sino de no haberlo intentado.

Una mujer me habló hace muy poco acerca del fracaso de su matrimonio y de lo mucho que ella intentó cambiar al final de su relación. Aunque ella sentía que la culpa era más de su esposo, ella decidió trabajar duro para cambiar sus patrones de conducta y su forma de relacionarse. Me dijo: "Cuando todo terminó yo no tenía ningún remordimiento porque sabía que había intentado todo lo que estuvo a mi alcance para cambiar y hacer que todo fuera mejor".

Ken Lyotier es un hombre del que leerás más adelante con mayores detalles en este libro. Sus posibilidades de éxito estaban cerca de cero. Él me dijo: "En cierto punto de la vida tenemos que tomar el riesgo de creer que es factible cambiar el *statu quo*. Aun si no triunfas, debes inspirar a otros a intentarlo. Existe una fuerza en cada uno de nosotros que desea nada más sentarse y acomodarse en el sofá, tomar una cerveza y ver un partido de futbol en lugar de querer cambiar las circunstancias y tomar riesgos. El temor a arriesgarnos se debe a que lo intentemos y no encontremos lo que buscamos, pero si te sientas existe la total garantía de que no lo hallarás."

Ese es el reto que cada uno afronta —tomar el riesgo y querer hacer un cambio aunque sepamos que es posible fracasar, o sentarnos en el sofá y hablar acerca de cómo hubiera sido todo si nos lo hubiéramos propuesto.

Retractarnos tiene sus beneficios. Proteger el ego diciéndonos a nosotros mismos que si en verdad lo hubiéramos intentado quién sabe qué habría ocurrido. No es difícil comprender por qué desistimos a pesar que nadie disfruta el fracaso. Pero fracasar no es lo peor que le ocurre a un ser humano. De hecho, aquellos que se han propuesto a marcar una gran diferencia a menudo experimentan múltiples caídas a lo largo del camino.

¡Pero estoy muy ocupado para proponerme a marcar la diferencia!

Otra razón por la cual la gente (18%) me dijo que no se propone a lograr un cambio se debe a que muchos están demasiado atareados en su diario vivir. Con frecuencia estamos tan ocupados realizando y cumpliendo con lo necesario como para hacer que nuestra vida fluya o lograr salirse de la rutina e intentar promover cambios.

¿Es realmente cierto que estemos tan ocupados como para dar el paso que marque la diferencia?

Las ocupaciones son con frecuencia la barrera más grande que impide cambios, y tiene muchas formas. Es fácil permitir que las trivialidades llenen nuestro calendario y que debido a esto no nos enfoquemos en marcar alguna diferencia de manera importante. Incluso mientras escribo este capítulo mi correo electrónico está lleno de mensajes relacionados con trivialidades. Pero tres de ellos sí tienen que ver con una organización sin ánimo de lucro a la que sirvo y está relacionada con la gente sin hogar de mi comunidad. Tal organización está en la profunda necesidad de reinventar su visión y me ha pedido ayuda.

Ese trabajo no me ayuda a pagar mis cuentas ni acapara mi atención, comparado con los otros correos, pero estoy bastante seguro que si doy el paso para ayudar a ese comité, tal acción terminará por hacer que las cosas sean diferentes, aunque sea de alguna manera sencilla en mi ciudad. Esta es la clase de elección que necesitamos hacer con frecuencia, entre lo por venir y lo inmediato, entre lo que nos atrae y lo que es necesario hacer.

¿Qué has estado deseando cambiar y sin embargo dejas de hacer porque eliges lo urgente y en últimas lo trivial? Mi amigo Jeremías tiene una vida llena de obligaciones familiares y además es responsable de dos negocios. Pero cuando su hijo Roberto desarrolló una diabetes Tipo 1 siendo apenas adolescente, él y su hijo se dieron cuenta de que la ayuda médica que ellos tenían y no tomaban en serio era con frecuencia poco factible al alcance de muchas de las familias del mundo en desarrollo. Ante esta verdad ellos decidieron dar un paso al frente y marcar la diferencia consiguiendo ciudades del mundo desarrollado que adoptara pueblos del mundo en desarrollo para proveerles los recursos y las destrezas necesarias para lidiar con la diabetes en esas comunidades.

Roberto era un joven activo, muy buen jugador de fútbol que de repente se vio en un mundo conformado por agujas y dietas restringidas, pero que se resistió a tener compasión de sí mismo prefiriendo ayudar a otros, su padre luchó contra la tentación de las múltiples ocupaciones diarias que lo mantenían atrapado. A medida que escribo esto ellos se encuentran en camino a su primer viaje rumbo a Guyana para ayudar a la población con diabetes Tipo 1.

No marcar la diferencia debido a la tiranía de las multiformes ocupaciones diarias termina siendo el mayor riesgo de todos. A lo mejor significa que has llegado al final de tu vida o de tu carrera suponiendo lo que habría ocurrido si te hubieras propuesto lograr cambios. Es posible que termines sintiendo profundamente las palabras del poeta de India ganador del Premio Nobel, Rabindranath Tagore: "La canción que vine a cantar permanece sin cantarse hasta el día de hoy. Me he pasado los días afinando y desafinando mi instrumento".

Que alguien más lo haga

Finalmente, cerca del 20% de quienes respondieron la encuesta dijo que no procura marcar la diferencia porque cree que esa es responsabilidad de otros. Bueno, esa es una razón que muchos admitiríamos como válida, aunque todos aceptamos que nos hemos rendido ante ella.

Me di cuenta de lo fácil que resulta caer en esa trampa luego de haberlo experimentado en mi propia vida. Estaba enfocado en lo que mi esposa necesitaba hacer para arreglar nuestro matrimonio en lugar de aceptar mi parte de responsabilidad. Entre más me enfocaba en lo que ella debía hacer, menor era la fortaleza que yo sentía y menos el impacto que lograba ante la situación. Incluso si el problema era el 10% mi culpa (y te aseguro que era mucho mayor que eso), enfocarme en lo que yo personalmente soy capaz de hacer al respecto en lugar de esperar a lo que alguien diferente a mí puede aportar, es siempre lo más beneficioso y correcto.

Cada vez que nos enfocamos en lo que los demás deben hacer les entregamos nuestras fuerzas a ellos y nos ponemos a nosotros mismos en una difícil situación. Mi madre era canadiense y mi padre, americano, así que yo cuento con el privilegio de tener las dos nacionalidades. Hace algunos años traté de liderar, sin ningún éxito, un movimiento para lograr que los canadienses hicieran un compromiso nacional de sostenibilidad. La idea era simple: conseguir que millones de canadienses se comprometieran a lograr resultados de desarrollo sin amenazar las fuentes de nuestros recursos naturales y sin comprometer los de las futuras generaciones. Aunque algunos se emocionaron con el proyecto, muchos me dijeron: "Canadá es tan pequeña que tal compromiso no haría una mayor diferencia. Mire hacia India y China. Allí es donde usted debería enfocarse porque si ellos no toman alguna acción, todos resultaremos perjudicados".

Pero yo veía el problema de otra manera. Es cierto que Canadá es una nación relativamente pequeña, con sólo 33 millones de personas, pero Canadá también tiene el mayor porcentaje de consumo de energía *per capita* en el mundo. Además, quienes vivimos en Canadá no podemos arreglar ni China ni India, lo máximo que podemos hacer es elegir la opción de actuar justo aquí donde estamos, confiando en que otros actúen en sus círculos de influencia. No tenemos cómo arreglar China ni India de la misma manera que yo no puedo cambiar a mi esposa ni tú puedes cambiar a nadie en tu lugar de trabajo, excepto a ti mismo.

Este es el punto central del reto. No importa lo que los demás estén o no haciendo. El lugar para comenzar es siempre aquí y ahora. Esa tendencia a creer que otros, en lugar de nosotros mismos, son quienes deben hacer los cambios, es tanto insidiosa como desalentadora.

Howard Behar es el antiguo Presidente de Starbucks International y además es coautor junto con Janet Goldstein del libro *It´s Not About the Coffee*. Cuando entrevisté a Howard para hablar de su libro me contó una historia acerca de su primer cargo gerencial, después de terminar sus estudios universitarios, en un almacén de una cadena de muebles que era parte de un negocio de familia. Durante su primer mes el dueño de la compañía, un hombre en sus setentas, vino a visitar a Howard a su lugar de trabajo. Cuando iba del parqueadero camino al almacén el dueño vio algo de basura en frente al negocio y decidió recogerla. Primero recogió una pequeña envoltura de cigarrillos y después comenzó a raspar un pedazo de goma de mascar que había en el andén frente al negocio. A ese punto, Howard le dijo: "Bueno, usted no necesita hacer eso. Yo haré que alguien venga y lo recoja más tarde". El viejo hombre de negocios se levantó, miró a Howard directo a los ojos y le respondió: "Howard, si no soy yo, ¿quién? Y si no es ahora, ¿cuándo?".

Howard me contó que ese evento lo llevó a jamás dejar de recoger basura y a nunca contratar empleados para Starbucks que no vieran como parte de su responsabilidad el hecho de recogerla.

Lo que yo he decidido en mi caso es encontrar gente que se levante y determine lo que tiene en común con otros. Quería entender por qué algunos sí logran hacer cambios. Y más importante aún, quería entender los secretos de cómo lograrlo. El capítulo siguiente revela lo que descubrí, los secretos de marcar la diferencia y cómo lograr el mayor impacto en tu círculo de influencia.

Formas de lograr la diferencia

⇨ Asumir que la influencia colectiva ya está ejerciendo cambios. Cada vez que te sientas tentado a pensar: "Yo soy solamente una persona", cambia ese pensamiento asumiendo que la influencia colectiva está ya en marcha y que otros ya están actuando o actuarán. Imagínate el impacto de muchos que actúan como tú.

⇨ Cuestiona tus dudas. Cuando quieras permanecer al margen de las situaciones difíciles, pregúntate de qué te arrepentirás más: de intentar tener éxito o de no hacer nada respecto a producir el cambio necesario. En la mayoría de los casos analizar y analizar nos lleva a darnos cuenta que el fracaso o el éxito moderado son mucho más llevaderos que nunca haberlo intentado.

⇨ Enfócate en lo importante. A medida que inicies un nuevo día revisa qué aspectos importantes has dejado de lado por cuestiones triviales que parecen urgentes pero no son esenciales. Enfócate en las contribuciones importantes primero, no en las trivialidades que a diario nos envuelven.

CAPÍTULO 4

Solamente los ingenuos cambian el mundo

"No mucho ocurre si no tenemos un sueño. Un sueño nunca es suficiente, pero para que algo bueno ocurra, primero debe existir una ilusión".
Robert Greenleaf

Rex Weyler está ahora en sus sesentas, pero está mostrándome una foto de él en sus veintes. En esa foto en blanco y negro luce tan mal como la mayoría de la gente con la que asistí a la universidad durante la década de 1970 —con pelo largo y negro amarrado en cola de caballo, sentado con una cámara en un bote de aspecto zodiacal junto a un gran pez.

Me ha trasportado a unos cuarenta años atrás, al momento en que él sabe que el haberse levantado y dado un paso para marcar la diferencia, junto con otros, ayudó a cambiar el curso de la Historia. Su relato parece la versión moderna de David y Goliat y ayuda a ilustrar un principio muy importante: si quieres realmente marcar la diferencia y lograr cambios, primero tienes que creer que puedes lograrlos. Una y otra vez, a medida que he entrevistado gente durante la realización de este libro, he sido confrontado frente al hecho de que casi todo el que se ha propuesto hacer cambios tenía una idea invariable de que le era factible lograrlo, incluso si las posibilidades parecían estar en contra. Aun si otros les decían que la situación nunca cambiaría, ellos eligieron un camino distinto.

Para poner la historia de Rex en perspectiva tenemos que volver a finales de la década de 1960 y a comienzos de 1970. En ese tiempo había un creciente movimiento de protesta alrededor del mundo, siendo las principales causas el deseo de paz y los Derechos Civiles.

El movimiento femenino estaba en pleno auge y mucha más gente se levantaba y sentaba su voz de protesta por primera vez. De otra parte, el movimiento ambiental estaba comenzando a surgir, con más gente enfocada en los derechos ciudadanos que en los del planeta. Rex murmuró: "A la vez que la gente progresista estaba primordialmente enfocada en los problemas ciudadanos, otros ya habían comenzado a observar que la máxima justicia social era el planeta mismo. ¿Qué se lograba si había justicia social pero arruinábamos el planeta?".

Uno de los asuntos ambientales más visible en ese momento era la cacería de las ballenas. A inicios de 1970 estos animales estaban siendo cazados al punto en que solamente quedaba entre el 5% y 10% de su población. Muchas de sus especies estuvieron en riesgo de extinción y la ballena gris del Atlántico ya se había extinguido. Un canadiense llamado Farley Mowat había ayudado a catalizar el asunto al escribir un libro llamado *A Whale for the Killing*, acerca de una ballena atrapada en una ensenada de Terranova y de cómo la gente venía hasta el lugar para dispararle desde la orilla. "Era lo opuesto a la historia de *Moby Dick*", dijo Rex. "Es la indefensa ballena siendo devorada por la gente".

Las ballenas eran objeto de cacería debido a los productos sintéticos que se manufacturaban a partir de las materias primas que se obtienen de ellas. En otras palabras, la cacería de ballenas era innecesaria. Al mismo tiempo una investigación importante mostró que de hecho las ballenas eran mamíferos increíblemente inteligentes y no monstruos tontos y distraídos como los descritos en *Moby Dick* de Herman Melville. Mucho más tarde se descubriría que no solamente la proporción de su masa en relación cerebro-cuerpo es mayor que en los humanos, sino que la parte más desarrollada de su cerebro es el área límbica o emocional. Los humanos estábamos cazando sistemáticamente mamíferos inteligentes y sensitivos por una causa para nada benéfica. Algo debía hacerse al respecto.

Rex Wayler y una cierta banda desorganizada de hippies y periodistas salieron con una idea, la cual él ahora admite que fue un poco loca. Se trataba de salir a confrontar a un barco ballenero en la mitad del Océano Pacífico y mostrarle al mundo lo que estaba pasando. Siendo periodistas, ellos creyeron que si es posible cambiar la Historia, también es posible cambiar al mundo. Hubo otros tratando de salvar las ballenas haciendo muy poco.

En los años anteriores a que existieran los sistemas de posicionamiento global, y antes de CNN, encontrar balleneros en altamar no era una tarea fácil. Después de meses de frustración a mar abierto Rex y su grupo al fin divisaron parte de una flotilla ballenera rusa en altamar. La idea era simple —captar con cámaras lo que realmente era la caza de ballenas. Rex tomó una foto de una bella pero sangrante ballena en el momento de ser atacada con arpones y arrastrada hacia la cubierta de la embarcación. Las fotos que tanto él como los demás tomaron, junto con la historia de esta crueldad por parte de esa flotilla ballenera rusa, aparecieron en la mayoría de los periódicos y revistas alrededor del mundo libre. Las imágenes se pasaron durante la noticias de la noche a lo largo y ancho de Estados Unidos, incluyendo un reportaje hecho por el muy respetado Walter Cronkite en CBS. Todo eso creó lo que Rex llamó un "revuelo" por todo el planeta.

"No dolió el hecho de que agarramos a los rusos a tan sólo unos cientos de millas de la costa californiana durante la Guerra Fría", me dijo. "A lo que la gente reaccionó primordialmente fue a la idea de que debíamos dar el paso para fijar nuestra posición y marcar la diferencia basados en nuestras creencias. En la actualidad la idea de que los ciudadanos protesten por lo que consideran injusto es muy común, pero en esa época protestar en beneficio de otras especies de la Tierra de una manera tan abierta era algo virtualmente desconocido".

El conocimiento público de ese hecho no detuvo a los balleneros en sus intentos pero generó una consciencia colectiva a un nuevo nivel acerca de la caza de ballenas.

Al año siguiente muchos alrededor del mundo comenzaron a demandar que esa cacería terminara. Rex continuó: "Una cuantas cosas ocurren cuando decides tomar partido. Primera, clarificas tu propia ética porque, si vas a hacer algo al respecto, eso te obliga a tener un punto de vista claro. Segunda, cuando decides tomar acción inspiras a otros ya que la gente por lo general es mejor siguiendo a un líder que liderando. De esa manera la gente tiene una causa para actuar y comienza a hacerlo de inmediato porque sabe que no estará sola".

Pasaron varios años antes que el acuerdo internacional para prohibir la caza de ballenas se firmara y la cacería masiva llegara a su fin, pero si quieres saber qué inició ese movimiento a nivel mundial en forma definitiva —cuál fue el paso inicial que despertó la opinión pública acerca de la situación de las ballenas— lo encuentras en esa foto colgada en la pared de la oficina de Rex Weyler, símbolo en blanco y negro de lo que ocurre cuando decides cambiar el estado de las cosas.

Hoy la cara de Rex ha envejecido pero su jovial idealismo todavía irradia cuando habla acerca de los asuntos actuales. Él fue un pionero en la organización llamada Greenpeace, la cual tuvo un gran impacto en la conservación de las ballenas. A lo mejor te agraden las tácticas de Greenpeace o de pronto las encuentres ofensivas, pero si quieres saber todo al respecto, lee el libro publicado por Rex en el 2004, *Greenpeace: How a Group of Ecologists, Journalists and Visionaries Changed the World* (Raincoast Books). Todavía existe la cacería de ballenas de manera limitada en beneficio de investigaciones pero la gente no está de acuerdo y continúa a la defensiva para asegurarse de que las ballenas continúen su crecimiento dado que su población está en riesgo debido a factores climáticos y a la toxicidad en el ambiente oceánico. Como Rex me recordaba durante nuestra entrevista: "Los chicos malos sólo deben ganar una vez".

Mirando hacia atrás, casi cuatro décadas después de ese evento, le pregunto al ahora canoso Rex Weyler cómo se siente estar en sus sesentas sabiendo que en un momento de su vida él ayudó a cambiar el curso de la Historia.

"Bueno", murmura, "principalmente pienso en lo locos que fuimos. ¡Me refiero a que fácilmente nos hubieran arponeado! Esto fue antes de CNN y de las noticias durante 24 horas; no teníamos un equipo reportero que estuviera cubriéndonos. Fuimos bastante ingenuos".

En el momento en que él dijo eso, de inmediato pensé: "A lo mejor solamente los ingenuos cambian el mundo".

Todo comienza con una visión

El primer paso para marcar la diferencia es ser lo suficientemente ingenuos como para pensar que tenemos la capacidad de mejorar cualquier circunstancia adversa. Esto parece ser tan obvio que no ameritara mencionarse, pero tener la convicción de que en verdad importa marcar la diferencia es un hecho crucial. Robert Greenleaf, quien popularizó y lideró una filosofía conocida como Servant Leadership, dijo en una ocasión: "No ocurre mucho si no tenemos un sueño. Un sueño nunca es suficiente, pero para que algo bueno ocurra, primero debe existir una ilusión". Los líderes que entrevisté para escribir este libro también coincidieron con este sentir. A medida que les preguntaba acerca de personas que han dado un paso al frente en busca de cambios, con frecuencia se refirieron a individuos que visionaron que las cosas podían ser mejores y que creyeron ser capaces de alcanzarlas.

Don Knauss es un hombre muy entusiasta, Gerente Ejecutivo de Clorox y quien antiguamente se desempeñó como oficial en la Marina de Estados Unidos. Él opina que "marcar la diferencia comienza con el hecho de creer que uno cuenta con lo que se necesita para cambiar el estado de las cosas". A medida que reflexionaba en sus propias experiencias recordando a aquellos que también tomaron acción para mejorar al mundo expresó su opinión acerca del papel primordial que ejerce una cualidad tan indispensable como es contar con un optimismo perseverante, es decir, con la creencia constante de creer que si uno persiste, alcanzará lo que busca. Tal clase de optimismo lleva a la gente a defender su punto de vista ante las situaciones del día a día en asuntos más simples que el de intervenir en la cacería de unas ballenas.

Bob Peter es el Presidente de LCBO, una licorera que vende al por menor en Canadá, y además es Presidente de Bay, la tienda por departamentos líder en Canadá. Debido a su experiencia durante sus muchos años de liderazgo él sostiene que una y otra vez ha notado que aquellos que sientan su posición para producir cambios y mejorar alguna circunstancia tienen "una visión de cómo podrían ser mejor las cosas y una capacidad muy precisa para ir tras esa visión". Me contó acerca de Nancy Cardinal, quien se hizo cargo del Departamento de Mercadeo de Liquor Board of Ontario con sólo tres personas vinculadas a este y con la fama de que consistía básicamente en "un edificio que temblaba tanto que parecía a punto de caerse".

Pero Nancy tuvo la visión de que el negocio tenía el potencial para prosperar. Ella ayudó a construir una visión para reinventar la empresa, comenzó una revista de comida y vinos, abrió algunos puntos en ciertas vecindades, promovió la idea de que los almacenes contaran con pasillos más amplios y mejores locales e hizo su mejor esfuerzo para duplicar en número de clientela femenina. En gran parte ella tuvo esa misma visión ingenua del futuro que Weyler con respecto a su visión de un mundo sin cacería de ballenas. Donde algunos vieron simplemente un pequeño negocio ella, junto con otros de la organización, vio una empresa que tenía el potencial para convertirse en líder, con las mejores tiendas de licor en todas partes. Hoy muchas de las tiendas de LCBO lucen más por el estilo de las mejores tiendas en esa industria licorera. Gran parte del crédito en esa transformación se debe a Nancy, aunque muchas otras personas que no aceptaban la creencia establecida de que ser un negocio pequeño significaba ser una tienda de segunda categoría, también contribuyeron.

Si quieres levantarte, hacer la diferencia y producir cambios, en primer lugar debes creer que puedes lograrlo. Tienes que visionar un futuro positivo y creer que tú eres alguien que está en la capacidad de hacer algo al respecto para que ese futuro sea una realidad.

Transformando escuelas en lugares apartados dentro de Estados Unidos

Anteriormente mencioné a Mike Feinberg y a David Levin, quienes se unieron al programa Teach for America y fueron enviados a dos escuelas en lugares apartados de Houston, Texas, comenzando en agosto de 1992. Fue muy ingenuo de parte de ellos creer que podían personalmente cambiar el rumbo de los chicos de bajos ingresos a los que estaban educando; pero el hecho se convirtió en una fuerza mayor en beneficio de la reforma educativa de Estados Unidos. Esa es la clase de optimismo ingenuo que se manifiesta una y otra vez en todos aquellos que quieren y logran mejorar las circunstancias.

No es que marcar la diferencia sea fácil. Cuando leemos historias acerca de gente que se lo propuso suena muy fácil en retrospectiva, pero en el momento real con frecuencia significa tener una perseverancia obstinada junto con la resolución de transformar un "*no*" en un "*sí*". Mike y David tuvieron que luchar para convertir su visión en realidad. Después de conseguir el permiso para liderar su programa KIPP en Houston, los dos primeros años fueron de gran éxito, pero luego Houston tuvo un enorme problema de espacio. El superintendente del distrito los llamó para informarles que no había espacio para que el programa creciera. Eso significaba, ya fuera que KIPP no tendría cómo recibir estudiantes de quinto grado, o que los que estaban en séptimo tendrían que regresar al programa habitual. Mike protestó y a pesar de eso su jefe le dijo que estaba actuando de forma testaruda. Al final le dijo que "solamente el superintendente podía solucionarle esa situación".

"Al día siguiente", me contaba Mike, "me dirigí a la oficina de la superintendencia y dije que me gustaría tener una cita con el Dr. Paige. Básicamente me contestaron que me fuera". Esto es lo que él dijo que ocurrió después: "Cuando abandoné la oficina supuse que tenía que existir una forma de conseguir una cita con él. Encontré su carro en el parqueadero en el espacio destinado al superintendente y me senté a esperarlo bajo un sol ardiente durante cuatro horas mientras calificaba trabajos. Supuse que tarde o temprano tendría que salir de su oficina. Cuando por fin me vio me dijo que me quitara de su carro. Yo le expliqué por qué estaba allí y él me respondió: 'Mire, yo creo en lo que usted está haciendo, así que venga a verme en la mañana'. Me aparecí temprano al día siguiente y tanto mi jefe como el de él estaban allí. Me miraban como si quisieran matarme. Yo expuse mi caso. El superintendente dijo: 'Me encanta este programa así que solucionemos este problema. Tengo que ir a negociar un contrato de comida; ustedes miren a ver cómo lo solucionan'. Cuando él se fue mi jefe me dijo que sencillamente yo era un miserable. Yo le dije que a lo mejor sí lo era, pero el Dr. Paige había dicho que necesitábamos una solución".

Así que encontramos una salida y el programa no solamente creció sino que además ha influenciado mucho en el tema sobre la reforma educativa en Estados Unidos.

Todos tenemos ideas de cómo es posible hacer que las cosas mejoren, pero por lo general escuchamos voces que se interponen. Mike Feinberg me habló acerca de una especie de cárcel que nos aleja de tomar acción para cambiar el *statu quo*.

"Hay una línea en *The Matrix* (la película de ciencia ficción realizada en 1999) acerca de crear una prisión para nuestra propia mente", me dijo. "Todos tenemos una voz interna que nos dice que no podemos marcar ninguna diferencia, que no somos lo suficientemente buenos, que vamos a cometer errores, que nos dice lo ridículos que nos veremos si llegamos a fracasar. Y hay otra voz junto con esta que nos dice que somos capaces y que queremos lograrlo. Debemos tener cuidado de escuchar esa voz que nos mantiene prisioneros. Asegúrate de no estarte dejando convencer porque tienes la capacidad para lograr muchas más metas de las que te imaginas si estás dispuesto a trabajar duro y a ser tan creativo como te sea posible".

Escuchar a Mike me hizo pensar en algo que un amigo granjero me dijo una vez acerca de un ganado. Los rancheros solían tener enormes problemas cuando las vacas cruzaban las carreteras hasta que una persona creativa descubrió el "guardián del ganado", un artefacto con ruedas que les impedía a las vacas cruzar porque las hacía sentir inestables. Lo que es realmente interesante es que una persona todavía más creativa descubrió que no era necesario ni siquiera utilizar ese aparato. Todo lo que había que hacer era pintarlo en el camino y las vacas incluso así no cruzarían. Muchos no nos ponemos en posición de hacer cambios porque existen barreras o "pinturas" que en verdad no hay. De hecho, ¡nosotros mismos las pintamos!

El ingenuo cree en el diario vivir

El ingenuo cree en que la posibilidad de mejorar el estado de las cosas es tan importante en el diario vivir como lo es en los grandes escenarios del trabajo y el mundo en general. Cuando somos tan ingenuos como para creer que todo puede ser mejor, inclusive hasta en nosotros mismos ocurren cambios. Cada uno de nosotros tiene una imagen de sí mismo, la persona que creemos que somos. A veces es una imagen positiva pero otras nos limitamos con ella.

Decimos: "Yo no soy un artista, ni musical, ni sé tener buenas relaciones, no soy entregado a la gente ni poseo las habilidades que otros tienen". Dentro de nuestro lugar de trabajo muy a menudo decimos algo como: "Nada cambiará jamás aquí, yo no puedo hacer que este sea un mejor lugar y las cosas siempre han sido así". Lo que la gente que ha marcado la diferencia demuestra es que creer que podemos cambiarlas y que la realidad también es susceptible de cambio son dos prerrequisitos para mejorar cualquier situación. No es sino hasta cuando creemos en ello que lo intentamos.

Hace algún tiempo se me pidió que le sirviera como *coach* a un gerente principal de una enorme empresa. Él era un estratega excelente y muy ágil para rodar su empresa. Su problema consistía en que, según sus propias palabras, no era muy acertado en sus relaciones con la gente, se le dificultaba conectarse y en las reuniones con frecuencia hacía sentir mal los demás por su forma de degradar el trabajo de su equipo al fijarse hasta en la más pequeña falla. Cuando me contrató lo primero que dijo fue: "Nunca he tenido éxito con la gente, soy crítico por naturaleza y muy orientado hacia lo que es necesario hacer. No necesito de elogios así que tampoco creo que los demás los necesiten. Desde que llevo siendo gerente las personas han dicho que admiran mi inteligencia, sólo que no soy cálido ni expresivo".

Lo primero que le dije fue que iba a necesitar mucho trabajo para cambiar esas conductas porque llevaba comportándose así por muchos años. Luego agregué: "Tenemos que comenzar con la imagen que usted tiene de sí mismo. La verdad es que no cree que pueda cambiar y ya se ha dado cualquier cantidad de excusas para fallar.

Es muy probable que a lo largo de su vida le hayan dicho que esa es sencillamente su manera de ser. Pero eso no es cierto, es tan sólo la forma en que usted es en la actualidad".

Le pedí que escribiera una visión de sí mismo en el futuro, en un término de seis meses. Para ser honesto, todos en la organización predijeron que sus posibilidades de éxitos serían casi nulas. Uno de sus colegas me dijo: "Bill es un bastardo inteligente. Así de sencillo". Seis meses después ese mismo colega me dijo: "No puedo creer que sea el mismo tipo". Le tomó mucho trabajo lograrlo, esa persistencia de la que Bob Peter me habló. Pero creo honestamente que el éxito de Bill consistió en gran parte en su voluntad para ser un poco ingenuo acerca de la posibilidad de cambiar. Él tenía que decidir que podía ser diferente.

Nadie creyó que un grupo de voluntarios sería capaz de detener la cacería de ballenas ni que dos profesores pudieran convertir la escuela y los estudiantes de un lugar apartado en chicos con alto rendimiento. Nadie creyó que una pequeña empresa licorera pudiera convertirse en una cadena de licoreras reconocida. Pero Rex Weyler creyó que la cacería de las ballenas se podía detener, Mike Feinberg creyó que las escuelas apartadas geográficamente triunfarían y Nancy Cardinal visionó un gran negocio donde otros vieron uno pequeño.

¿Qué imagen de ti mismo necesitas abandonar para que decidas hacer un cambio y marcar la diferencia? ¿Qué situación laboral o personal crees que no sea posible cambiar (y ese pensamiento te mantiene fuera de lugar)?

Formas de marcar la diferencia

⇨ Recuerda que solamente la gente ingenua cambia el *statu quo*. Hazte un recordatorio cada vez que creas que algo no puede cambiarse, ya seas tú mismo o alguna situación. Decide dar el paso de cambio en lugar de enfocarte en lo que crees que no se puede cambiar.

⇨ Combate las suposiciones. Cada vez que alguien diga que "las cosas nunca cambiarán", convierte esa suposición en un reto para tu vida.

⇨ No escuches la voz. Cada vez que escuches una voz dentro de ti diciendo que "no importa si produces o no un cambio", aléjala de ti.

CAPÍTULO 5

Acepta el 100%
de responsabilidad
y nada de excusas

Siempre existen obstáculos. La pregunta es qué harás a pesar de ellos.

En 1998 un banco relativamente conocido, Synovus, fue nombrado por la revista *Fortune* como la mejor compañía para trabajar en Estados Unidos. Cada año *Fortune* compila una lista de los cientos de mejores compañías para las cuales trabajar y ser seleccionada como la mejor entre miles de participantes es un gran honor. Dado que nunca antes escuché de ese banco decidí hacer mis averiguaciones sobre esta "mejor compañía para trabajar en Estados Unidos". Lo que descubrí fue un banco de cien años de antigüedad que creció como un fuego incontrolable por todo el Sureste del país, una empresa con un envidiable récord de crecimiento en ganancias de dos dígitos y que era una fuerte competencia para bancos mucho más grandes en la mayor parte del mercado. Por supuesto que no tengo que decir que estaba intrigado.

Tres meses más tarde estaba sentado en la oficina del Gerente Ejecutivo, Jimmy Blanch, quien había estado en el cargo desde hacía treinta años cuando yo lo contacté. Cuando le pregunté el secreto del banco y sobre cuál había sido la causa por la que consiguió ser nombrado como la mejor empresa para trabajar en todo el país, él me dio una razón muy sencilla: "Es la fuerza del amor. Somos exitosos porque nos amamos unos a otros y amamos a nuestra clientela. Cuando alguien que hace parte de nuestra empresa llora, toda la empresa llora con él. Amamos a nuestros clientes y aquí nosotros nos apreciámos unos a otros. Así de sencillo". Luego me permitió hablar con más miembros del equipo a lo largo del banco y con sus subsidiarios.

En los siguientes días escuché una enorme cantidad de veces acerca del amor, pero además escuché a la gente hablar acerca de un concepto llamado 100/0. Finalmente le pregunté a una cajera en una de las sucursales: "¿Qué es *100/0*?". Ella me respondió: "El 100 se refiere al 100% de responsabilidad. Usted nunca dirá, 'Este sería un gran banco si el gerente ejecutivo hiciera su trabajo", "Hubiera cumplido en el tiempo acordado si no hubiera sido por el otro departamento", "Tendría un mejor día si mi jefe fuera mejor", ni "No es mi función ocuparme de atender a ese cliente". Me explicó que todos los empleados tenían que tomar el 100% de responsabilidad por sí mismos y por el éxito del banco porque "es cuestión de cada uno de nosotros mantener esta compañía exitosa y a los clientes felices. Y el cero", prosiguió, "representa nada de excusas. Siempre existen razones por las cuales no lograste algo pero al fin de cuentas debes trabajar con lo que tienes, así que no hay excusas para no dar lo mejor de ti".

En una reunión al día siguiente le pregunté a Jimmy Blanchar que si el secreto del banco era "la fuerza del amor", entonces ¿qué era eso de 100/0? Él contestó: "Bueno, creo que es amor exigente". Al salir del banco concluí que esas dos cifras son transformadoras. ¡Para una empresa, una persona y quizá para el mundo! Cuando tomamos el 100% de responsabilidad y no nos damos excusas a nosotros mismos por lo que no hicimos o no debimos hacer para que las cosas sean distintas, todo cambia.

No puedo decirte cuántas veces he visto gente invertirlas. Hay muchos cuyos resultados son 0/100 alrededor del mundo. Parece que creen que no tienen ninguna responsabilidad y que cuentan con toda clase de excusas por las cuales no pueden cambiar. La gente dice cosas como estas: "Mi matrimonio sería mejor si ella fuera diferente", "La ética en este lugar apesta y me gustaría que el gerente hiciera algo al respecto, pero yo no voy a tomar ninguna acción hasta que él no lo haga", "Mi restaurante no va muy bien, pero es que estamos en una mala ubicación y el lugar está un poco descuidado", "Si la compañía invirtiera un poco, el negocio mejoraría". El hecho es: "No es mi culpa y aquí hay una larga lista de razones por las cuales no puedo hacer nada al respecto".

Hay una enfermedad en nuestra sociedad en cuanto a la forma de pensar 0/100. Nada de excusas suena un poco exagerado pero el punto no consiste tanto en el hecho de que nunca existan obstáculos sino que SIEMPRE los hay y nos impiden marcar la diferencia. Cuando nos enfocamos en esos obstáculos en lugar de mirar qué podemos hacer dadas esas circunstancias adversas, terminamos actuando como víctimas. No te equivoques, tu carrera estará muy bien limitada si te das a conocer como uno de esos individuos que siempre tiene razones por las cuales no alcanzó sus metas laborales.

Cuando entrevisté gerentes ejecutivos y gerentes generales durante el desarrollo de este libro, ellos me decían que la gente que siempre tiene una razón para no culminar su trabajo los enloquece. Don Knauss, el Gerente Ejecutivo de Clorox, sintetizó el sentir de muchos de esos ejecutivos a los que entrevisté: "Lo que realmente me descompone es cuando la gente encuentra excusas para justificar sus fallas".

No me malinterpretes. No estoy diciendo que los obstáculos no sean reales ni que jamás existe una razón legítima para fracasar. Estoy diciendo que si decidimos trabajar con cualquiera que sea la limitación que exista y comenzamos desde ese punto mirando cómo continuar, obtendremos mayores resultados.

Una mujer que tuvo todas las excusas para fracasar... pero no lo hizo

Este es un caso ilustrativo. Joanne Beaton quería retomar las operaciones dentro de su compañía pero no previó una asignación que le fue adjudicada. La empresa le pidió que se hiciera cargo de la operación de servicios para TELUS, una enorme empresa de tele-comunicaciones en Canadá. Para nada era una asignación fácil. De un lado se trataba de un departamento moribundo ya que casi to-dos dentro de la empresa notaban que eventualmente la tecnología remplazaría a las personas en la mayoría de sus funciones operativas una vez insertadas en la línea telefónica de la organización. Se fue-ron los días en los que cada llamada tenía una fase interpersonal y que incluso el hecho de llamar a Información era la ruta principal para encontrar los números telefónicos requeridos por el cliente. La empresa estaba perdiendo dinero y dinamismo. De hecho, los com-petidores de TELUS en el campo de las telecomunicaciones estaban tratando de contratar servicios operativos externos para reducir los costos causados por este servicio al cliente.

Lo atractivo de la asignación era menor si a eso ella le agregaba el equipo de trabajo que le tocó. El nivel de compromiso y ética eran mínimos. Le informaron que alrededor de mil trabajadores o algo así, en su mayoría pertenecientes al sindicato, tenían la mentalidad de subvencionados y estaban esperando a que alguien más les solu-cionara la situación. Sus líderes le dijeron que la solución más viable era seguir con la empresa a través de subcontratarla, pero al mismo tiempo su función principal consistía en reducir los costos. Algunos colegas se preguntaban por qué ella habría de aceptar esa asignación tan difícil.

Joanne tenía toda buena excusa para seguir el conducto regular de reducir los costos y conseguir un agente externo con precios más bajos. Había razones como para pensar que el negocio sufriría una muerte lenta. Eso es probablemente lo que habría ocurrido en la ma-yoría de los casos. Pero no fue lo que ocurrió.

La mentalidad de no excusas que hace parte de la premisa 100/0 significa que debemos comenzar por no rendirnos ante las razones que puedan prevenirnos de actuar para lograr cambios. Nada de ex-cusas significa reconocer que aunque algunas excusas sean ciertas, por lo general no son útiles. La cuestión es siempre: ¿Qué vas a hacer A PESAR de los obstáculos?

Joanne dice que la diferencia entre un buen líder y un líder REAL-MENTE exitoso es que éste último pregunta: ¿Qué puedo hacer a pesar de estos obstáculos que afronto? Mientras otros aportan razones por la cuales no se puede ni se debe intentar, un líder verdadero dice que sí es posible.

Joanne Beaton y su equipo trabajaron con los obstáculos. Muchos a lo mejor no veían como parte de su responsabilidad salvar el decreciente negocio de TELUS, pero ella sí. Cuando ella tomó el mando algunos miembros del equipo tenían una idea distinta acerca del futuro, sin embargo no fue así. Ellos pensaron que podían convertirse en el lugar al cual los demás vinieran a subcontratar sus servicios. Aunque la compañía ya había hecho sus primeros acercamientos en ese campo, la idea pareció inconcebible dados los costos de estructura y el bajo nivel de compromiso de los empleados.

Joanne se reunió con cada miembro del equipo del servicio de operaciones y básicamente les dijo: "Nadie más va a salvar este negocio sino nosotros". Ella animó a los empleados a actuar como propietarios y les pidió que se preguntaran: "Si ustedes fueran la competencia, ¿qué harían para sacarnos del negocio?". Les dijo que tenían la opción de ser subcontratados o decidir marcar la diferencia y convertirse en la mejor empresa de servicios en el mundo, tanto que podrían pasar de ser *subcontratados* a ser *contratistas*. Y enfatizó: "Si queremos convertirnos en contratistas en lugar de subcontratados tenemos que tomar responsabilidad y hacer que las cosas sucedan. Nadie más lo hará. ¡Necesitamos salvarnos nosotros mismos!".

El hecho fue que el equipo tomó responsabilidad y dejó atrás las excusas. El equipo, no el líder, implementó esta frase de trabajo: "Nuestra responsabilidad, nuestra clientela, nuestro equipo y mi responsabilidad". Para salvar el negocio todos los miembros tuvieron que ponerse en la actitud de marcar la diferencia y preguntar qué podían hacer para lograr el éxito del negocio. Se dieron cuenta que necesitaban hacer que ocurriera. Y así lo hicieron.

Comenzaron a tener un punto de referencia con respecto a los servicios de la empresa y los de la competencia, discutieron estrategias para mejorar el negocio y hallaron la manera de aumentar el nivel de moral y productividad. En un lapso de tres años el grado de compromiso de este equipo de trabajo pasó de ser bajo a súper energético. No solamente hicieron su labor para no ser subcontratados, sino que además hicieron crecer el negocio en un 300%, incrementaron la productividad al 1.000% y se convirtieron en una empresa de alto servicio a bajos costos operativos. De hecho, ganaron premios como la mejor empresa de servicios operativos en Estados Unidos ¡y la convirtieron en un negocio con ganancias sostenidas! TELUS Operator Services se transformó en el mayor proveedor de servicios operativos para la mayoría de sus competidores. El personal se cuadruplicó en lugar de disminuirse. Ellos convirtieron un negocio moribundo en una empresa creciente.

A medida que Joanne recordaba esa experiencia, decía: "La gente me ha dicho que hemos intentado durante ocho años direccionar la situación y que las cosas no cambian. Pero yo no lo creo". Y cuando la gente de su equipo apunta el dedo para señalar a otros ella no lo permite. "Sigo diciéndoles que dejen de culpar a los demás y tomen su parte de responsabilidad ya que es a eso que se debe que lográramos el éxito".

Años después, en el 2005, una compañía de servicio al cliente se encontraba en similares circunstancias de dificultad. Se rumoraba que la compañía iba a reubicarse en un vecindario alejado, lo cual tenía sentido ya que quedaba ubicada a las afueras de una zona urbana grande. Los líderes y empleados en esa empresa pudieron haber actuado desde la premisa 0/100, argumentando toda clase de buenas razones para sentarse a esperar su derrota. Pero eso no fue lo que ocurrió.

Unos pocos supervisores de línea tomaron la responsabilidad y convocaron a una reunión con los gerentes más antiguos en la compañía y les dijeron: "¿Qué necesitamos hacer para que no nos cierren?". Como suele suceder, algunos comenzaron lo que más tarde se convirtió en una ola mayor. Observa que la gente que marca la diferencia se enfoca, no en los que los demás harán por ellos sino en lo que ellos harán por los demás. Los expertos gerentes, impresionados ante la iniciativa de los supervisores pero inseguros del resultado final, dijeron: "Si ustedes logran que el centro de servicio al cliente sea altamente productivo y se enfoque en dar excelentes servicios, seríamos muy tontos si cerráramos". Y eso fue exactamente lo que hicieron.

Comenzaron a reunirse grupos de empleados con sus managers para pedirle a todo el personal que se comprometiera. Trabajaron duro para crear un espíritu contagioso y eventualmente se convirtieron en una de las unidades más comprometidas dentro de la empresa con un 90% de los miembros de su equipo de trabajo produciendo bajo los niveles más altos de compromiso, según una encuesta realizada. Considerando que las unidades de servicio al cliente proveen un servicio de notoria baja calidad y alta rotación de personal, este no fue un reto fácil. El ánimo y colaboración se convirtieron en algo tan contagioso que la compañía mantuvo su palabra. Los líderes de la empresa no solamente, no la cerraron, sino que recientemente hicieron una importante inversión para ampliarla como incentivo para esos empleados y supervisores que marcaron la diferencia. Lo esencial: tenemos la opción de sentarnos y ser víctimas o preguntar qué es necesario hacer para cambiar el *statu quo*. ¿Cuál de las dos crees que el mundo recompensa?

Cómo la premisa de 100/0 cambia todo

Si dudas del poder de estas dos cifras, 100/0, aunque sea por un momento, piensa en lo siguiente: ¿Qué tan distinta sería tu empresa si todos tus empleados se sintieran el 100% responsables por la integridad de la empresa, por la imagen de tu marca en el mercado, por disminuir costos, por su propia felicidad y sus carreras así como por ganar más clientela?

¿Qué si en lugar de buscar a terceros para que resuelvan el problema simplemente comienzan a preguntarse a sí mismos qué pueden hacer para corregir las cosas? Y si se hiciera una encuesta entre los empleados y cuando se supieran los resultados, imagínate si cada miembro de tu equipo se preguntara qué tanto ha contribuido al nivel actual de compromiso y cómo podrían hacer que todo funcionara mejor a nivel de la empresa. Es obvio que los gerentes expertos en una compañía tienen una gran influencia y que hay grandes obstáculos que se interponen en el camino a lograr una diferencia. Pero cuando todos los empleados se levantan y ponen manos a la obra comprometidos con lo que tienen que hacer, la dinámica empresarial toma otro rumbo.

¿Cómo tu compañía —e incluso tu vida— puede ser diferente si has decidido no rendirte ante las excusas? ¿Qué ocurriría si nos diéramos cuenta que siempre existirán barreras y que la única pregunta que necesitamos hacernos es ¿cómo alcanzaremos nuestras metas dados todos esos obstáculos? El equipo de Joanne Beaton no podía cambiar el hecho de que el servicio de operaciones era y es un negocio en extinción, pero al no hacer caso de esa creencia todos se enfocaron en mejorar a pesar de cada adversidad.

Piensa en el impacto de esas dos cifras en un matrimonio (o en cualquier relación de nuestra vida personal o laboral). En el ejercicio de mi primera profesión como ministro presbiteriano por lo general solicitaban mi consejo para las parejas que estaban afrontando problemas en sus relaciones. Ni una sola vez durante esos siete años alguna pareja llegó a mi consejería con alguno de ellos diciendo: "Espere, antes de siquiera comenzar quiero que usted sepa que soy yo quien necesita cambiar". La norma repetitiva era el polo opuesto, con cada una de las personas llegando con los dedos cruzados y deseando que... *si sólo ella... y si sólo él...* entonces todo sería mejor.

Te garantizo que en mi calidad de observador externo siempre me pareció como si una de las dos personas fuera un poquito, y a veces bastante, más responsable. Pero lo que descubrí fue que si yo lograba hacer que cada uno se mirara a sí mismo en lugar de fijarse en la otra persona, toda la dinámica cambiaba. Si ellos decían que no había suficiente romance, yo les preguntaba: "¿Entonces díganme qué creen que se necesita hacer para traer más romance a la relación?". En realidad no importa qué porcentaje del problema sea creado por ti, lo que en verdad importa es si estás haciendo todo lo que esté a tu alcance para mejorar la situación. Acepta tu 100% de responsabilidad. Es así de fácil.

Es natural la tendencia humana a enfocarnos en lo que *otros* necesitan hacer, pero créeme, serás mucho más feliz si te enfocas en lo que *tú* puedes hacer. Cuando te des cuentas que estás enfocándote en una excusa para justificar por qué no has triunfado —cualquier excusa que sea— pregúntate si dicha excusa es útil en lugar de intentar descubrir si es real. ¿Qué harías incluso a pesar de esa excusa para alcanzar lo que quieres?

Permíteme darte un ejemplo personal. Históricamente no he sido un experto trabajando a través de la red, lo cual no es muy conveniente cuando eres tú quien desarrollas tu propio negocio. Alguna vez tuve una relación con alguien, soy muy social pero tengo un gran temor de tratar con gente a la que no conozco bien. Tengo una larga lista de excusas, de las cuales todas son reales, por las que no soy bueno en la red: soy penoso por naturaleza, no tuve buenos mentores, tuve acné durante la Secundaria y eso causó confusión en mi autoestima. Todos esos hechos son ciertos, válidos y me ayudan a entender por qué soy tan malo en la red. Pero esas verdades no son útiles porque mientras más me enfoco en ellas, menos me ayudan. La excusas pueden ser ciertas pero rara vez útiles. Enfocarnos en ellas, aun cuando son legítimas, lo único que logra es encerrarnos en un círculo de inacción.

Parte de actuar 100/0 es la actitud de estar dispuestos a mirar en el espejo primero, en lugar de mirar afuera. Cuando vemos hacia adentro terminamos responsabilizándonos en lugar de culpar. Al tomar total responsabilidad por cada problema, incluso si contribuimos en una mínima parte a esa situación, todo cambia.

Miremos dos ejemplos reales de lo que ocurre cuando tomamos responsabilidad y cuando no. Uno de mis amigos es gerente ejecutivo de una entidad sin ánimo de lucro. Es su primera asignación en un cargo tan importante y un año después de haberse posesionado se vio en problemas. La junta de la organización lo llamó al orden y básicamente le dijo que necesitaba hacer unos cambios muy significativos en su conducta o tendrían que pedirle su renuncia. Al principio su reacción fue defensiva, 0/100 si se quiere. Se enfocó en la organización y en lo difícil de su trayectoria, como también en algunos miembros importantes de la junta que le parecieron disfuncionales. Pronto, sin embargo, llegó a una importante conclusión.

Primero, él no podía arreglarlos a ellos más de lo que tú puedes arreglar a tu pareja, tu jefe, la economía o tu historia. Segundo, si elegía un camino de reflexión, la situación sería una oportunidad para aprender muchas cosas. En lugar de enfocarse en lo que ellos estaban haciendo él se enfocó en su parte del problema. Buscó apoyo, escuchó sin estar a la defensiva y pidió ayuda a los miembros de la junta. Tomó el 100% de la responsabilidad por la situación. Actualmente tanto él como la junta están en el camino indicado y la mayoría de quienes trabajan con él dice que ahora es un mejor líder que antes.

El segundo ejemplo tiene un final mucho menos feliz. Otro amigo también era el director ejecutivo de otra entidad sin ánimo de lucro y sentía que estaba siendo cuestionado por su junta y varias veces durante las reuniones se salió de casillas, demostrando así una inmadurez emocional muy evidente. Se enfurecía cuando la junta le daba una retroalimentación difícil de digerir, se enfocaba en lo que los demás le hacían. A decir verdad, la junta era un tanto disfuncional, pero no más que cualquiera de muchas otras juntas. Además la junta tampoco le daba una buena guía ni la retroalimentación adecuada. Pero como él nunca asumió su parte de responsabilidad y se mantuvo enfocado en los que los demás estaban haciendo —la situación se deterioró. Eventualmente tuvo que renunciar.

Estoy convencido que estos ejecutivos eran igual de competentes y cada situación totalmente redimible. Uno eligió 100/0 y el otro 0/100. Uno está muy bien empleado y el otro no.

Verdadero coraje

Esta capacidad de trabajo desafiando los retos es probablemente una de las habilidades más subestimadas en la gente exitosa, motivo por el cual es que el trabajo de Ángela Duckworth me fascina. Ella ha estudiado este concepto al que le denomina *verdadero coraje* el cual define como "la tendencia a enfrentarse a retos a largo plazo con perseverancia y pasión". Esto requiere de la voluntad para trabajar a través de circunstancias adversas para alcanzar el éxito. Ella ha publicado una serie de artículos periodísticos explicando este concepto y ha producido una serie de videos que se encuentran en YouTube. Un excelente artículo se llama "Deliberate Practice Spells Success: Why Grittier Competitors Triumph at the National Spelling Bee," publicado en el 2010 en *Social Psychological and Personality Science*.

Su investigación ha mostrado que esta cualidad es mejor predictor de retentiva que el promedio de inteligencia en lugares como la Academia Militar de West Point y en el concurso nacional de deletreo. Es decir que la capacidad de trabajar en medio de la adversidad es un predictor de éxito bastante poderoso y confiable. Comenzar una meta es una cosa, pero mantenerse en ella, incluso cuando se hace difícil, es la verdadera estrategia para marcar la diferencia.

Rex Weyler y sus compatriotas no encontraron la flota ballenera rusa con facilidad. Ellos dedicaron meses de esfuerzo y planeación, se enfrentaron a duros inconvenientes y a momentos en el mar sintiéndose literal y figurativamente perdidos. Si te suena parecido a la dificultad que afrontó Joanne Beaton y su equipo de TELUS para sacar adelante la empresa, entonces presta atención. Hubo momentos de desespero y muchas ocasiones en las que pareció que era imposible hacer que las cosas funcionaran. Marcar la diferencia requiere de coraje, de la voluntad para afrontar los tiempos difíciles y permanecer enfocado en tu meta.

Para tomar responsabilidad y cambiar el estado de las cosas primero necesitamos visión y la ingenua creencia de que todo cambiará, pero además necesitamos aceptar el 100% de responsabilidad. Habrá obstáculos, situaciones que se interpongan en el camino. Tendrás excusas pero ninguna de ellas te será útil. Así que repite conmigo: "Puedo cambiar las circunstancias y tomaré toda la responsabilidad que se requiere para lograrlo".

Voy a mencionar una cita de John Wooden a este respecto. Sucede que Wooden ha ganado más campeonatos nacionales que cualquier entrenador en la Historia del basquetbol universitario de Estados Unidos. Una vez dijo: "Las cosas les salen mejor a aquellos que les sacan el mejor provecho a la manera en que salen las cosas".

Formas de marcar la diferencia

⇨ Determina tu parte. Cada vez que enfrentes un problema pregúntate qué has hecho para contribuir a este. Luego piensa en qué puedes hacer para cambiar la situación.

⇨ No saques excusas. La próxima vez que recibas una tarea difícil no busques excusas de por qué no vas a triunfar. Las probabilidades de que otras personas o tu jefe ya conozcan los obstáculos son muy altas y ellos estarán más impresionados ante tu voluntad para intentarlo que con tu lista de razones para fracasar.

⇨ Trabajar en medio de la adversidad. La mayoría de quienes se levantan para lograr cambios y alcanzan sus propósitos tienen que enfrentar reveses a lo largo del camino. El coraje es una de las características más importantes de la gente pionera. La próxima vez que experimentes una situación dura en tu camino al éxito pregúntate: "¿Cómo más puedo lograrlo?". Hay un momento para levantar la bandera blanca de la derrota, pero muchos a veces la levantamos demasiado pronto.

CAPÍTULO 6

Haz algo... ¡haz lo que sea!

Si estás esperando a tener el plan perfecto,
es probable que tengas que esperar para siempre.

Hace algunos años una fundación en Estados Unidos publicó un aviso acerca del estado del medio ambiente. Luego de presentar hechos desastrosos acerca del planeta acompañados de imágenes el aviso terminaba con una amonestación muy sencilla: "Haz algo, ¡haz lo que sea!". Cuando comencé a escuchar las historias de la gente que ha sido pionera me di cuenta que uno de los mayores enemigos del cambio es nuestra necesidad de tener un plan antes de comenzar a actuar. Sin un plan claro para alcanzar las metas por lo general nos quedamos a la orilla del camino y es posible que permanezcamos allí por años, esperando a que el plan perfecto surja, cuando lo que en realidad necesitamos es comenzar.

El mejor consejo para aquellos que vean la necesidad de cambio es simplemente que comiencen a hacer algo, lo que sea. Como escribió el místico Kabir en una ocasión: *"Dondequiera que te encuentres, ese el mejor punto de inicio".*

Uno de los pasos más poderosos que necesitamos dar es hacer que la gente comience a hablar e interactuar para compartir cómo quieren que sea el futuro. A propósito de este punto es la historia de cómo un sacerdote y un pequeño grupo de ciudadanos transformaron una de las peores barriadas del mundo.

Transformando el lugar más violento del planeta

En 1996 las Naciones Unidas publicó el hecho de que Jardim Ângela, barriada de un distrito de São Paulo, Brasil, era uno de los lugares más violentos del planeta. Ese y otros dos distritos, Capão Redondo y Jardim São Luis, fueron considerados por la Policía Civil de São Paulo como *el triángulo de la muerte*. Este distrito de 300.000 residentes tiene un promedio de asesinatos más alto que la mayoría de zonas de guerra, con 538 muertos únicamente en el año de 1996, la mayoría de ellos, adolescentes. La presencia de la Policía consistía más que todo en pelotones de agentes extremadamente armados realizando redadas nocturnas enfocadas en crímenes relacionados con las drogas. Las escuelas, la comunidad y su juventud, quedaron atrapadas en un ciclo de violencia y desesperanza.

El padre Jaime Crowe, sacerdote irlandés residente de aquel distrito durante casi una década, fue testigo de ese ciclo de desesperanza que se generó en la zona. De acuerdo a un reporte publicado el 25 de septiembre de 2010, en *Globe and Mail*, Crowe indicó: "No pasaba un día en que no caminara por los alrededores de la parroquia sin tropezarme con dos o tres cadáveres. Tener que pasar por encima de un cuerpo, sin vida y cubierto con un periódico, para ir a tomar un trago a un bar, era algo que no inmutaba a la gente. Niños, pequeños niños, diciéndome que no valía la pena vivir".

Con frecuencia llega el momento en que la gente sencillamente ya ha aguantado demasiado, un momento en el que alguien tiene que darse cuenta que hay que hacer algo, aunque no haya un plan coherente para arreglar el problema. Es decir, alguien tiene que decidir que va a actuar incluso antes que sepa qué pasos debe dar para lograr cambiar el estado de las cosas y conseguir el éxito.

Para el padre Crowe ese primer paso ocurrió cuando se propuso organizar en noviembre 6 de 1996 una marcha hacia el cementerio donde muchas de las víctimas de los asesinos de la comunidad, la mayoría adolescentes, fueron enterradas. Un promedio de 5.000 personas se unieron a esa "Marcha por la paz y la vida". Ese mismo año el padre Crowe y otros líderes de la comunidad comenzaron una reunión semanal llamada "El foro para la defensa de la vida", el cual unió a los líderes de la comunidad, policías y oficiales escolares. El propósito del encuentro era generar ideas sobre cómo afrontar los muchos retos de la comunidad. Al comienzo todo lo que ellos podían hacer era hablar, pero hablar es con frecuencia un acto precursor a la obtención de un cambio.

A medida que se expandía la existencia de esas conversaciones semanales, se iban uniendo agencias de ayuda internacional, e inclusive los líderes municipales comenzaron también a asistir, y pronto las reuniones se llenaron de cientos de residentes de la zona. Durante esas reuniones semanales comenzaron a surgir opiniones sobre cómo acabar la violencia. De esa manera se fueron poniendo en acción medidas para erradicar el problema. Una de las primeras conclusiones que surgió fue la necesidad crucial de hacer algo radical con respecto a las escuelas, las cuales se volvieron muy peligrosas en esa vecindad y ofrecían una educación demasiado básica, a veces durante unas pocas horas diarias, provocando con ello mucha desesperanza de mejores oportunidades para la juventud. Muchos chicos abandonaron sus estudios y comenzaron a involucrarse en el negocio de las drogas a tan sólo 12 ó 13 años de edad.

El enfoque en revitalizar las escuelas pronto comenzó a dar fruto. Las aulas de clase comenzaron a llenarse, no sólo con estudiantes jóvenes sino también con adultos y adolescentes que querían una mejor vida. Otro aspecto de mucha importancia fue la participación de la Policía. Era obvio que los residentes les temían tanto a ellos como a las bandas. Muchos oficiales se vieron implicados en miles de crímenes en las barriadas de São Paulo. Los residentes querían que la fuerza pública se integrara a la comunidad en lugar de actuar como enemigos públicos. Incluso hasta los altos mandos de la Policía comenzaron a asistir a las reuniones y estuvieron de acuerdo con las ideas que la vecindad proponía. En 1998, después de dos años de presión durante esas reuniones, la Policía abrió una estación en el distrito y comenzó a practicar la póliza de "comunidad policiva".

Los resultados de esas reuniones no fueron instantáneos. En 1996 hubo 538 muertes, pero la cifra aumentó en el 2001, cinco años más tarde. Finalmente en el 2002 el distrito comenzó a ver una reducción en los homicidios, la cual continuó durante cada año: 254 en el 2002, 212 en el 2003, 172 en el 2004, 119 en el 2005 y solamente 91 durante el 2006. Haz la cuenta: eso equivale al 83% de reducción de la criminalidad. Más importante aún es el hecho de que una comunidad vibrante surgió a lo largo del proceso. La marcha por la paz y la vida todavía se realiza cada año y las reuniones semanales también, pasando de aproximadamente 5.000 participantes a más o menos 25.000.

El punto de esta historia es que marcar la diferencia con frecuencia significa reunir a la gente para discutir acerca del futuro. No hay necesidad de un plan perfecto ni de siquiera saber a dónde nos llevará el proceso. Lo que se requiere es de un deseo de crear cambios y la intención de ganar aliados que también estén de acuerdo y actúen para lograrlos. La historia del padre Jaime Crowe y la renovación de la comunidad de Jardim Angela se han publicado en numerosos periódicos alrededor del mundo. Una rápida búsqueda en internet utilizando su nombre te dará mucha información. El libro titulado *Arrival City* escrito por Doug Saunders (Knopf Canada, 2010) también se refiere a esa historia.

Cómo un pequeño grupo de trabajadores de primera línea transformó un hospital

Obvio, muchos de nosotros no estamos tratando de transformar una barriada en donde los asesinatos forman parte del diario vivir. A lo mejor estamos en una escuela en la que la cultura del irrespeto y el matoneo se ha vuelto la norma, de pronto vivimos en un vecindario en el que la basura abunda, o estamos en un lugar de trabajo donde el balance entre vivir y trabajar no existe, o en una organización en la que el pobre servicio y la falta de ética son una realidad permitida. Independientemente de la clase de reto, el principio de hacer algo —así sea comenzar— es crítico.

He descubierto que la premisa de *hacer algo* casi siempre comienza a funcionar cuando la gente se reúne y conversa sobre el futuro. Por lo general hay una necesidad que causa ese proceso.

Tomemos el caso del Mercy Hospital en Sioux City, Iowa. Este hospital tiene una larga historia de servicio a la comunidad, pero para la época en que Peter Makowski fue nombrado como el nuevo Director Ejecutivo la reputación del hospital se había opacado. La calidad del servicio y la ética se fueron deteriorando, las relaciones con la comunidad médica estaban en el punto más bajo y el dicho en la calle era: "Si estás realmente enfermo, ve a Mercy, pero si quieres que te atiendan con aprecio y respeto, ve a otra parte". El hospital estaba perdiendo posición en el mercado y el personal comentaba que a medida que andaban por los pasillos de Mercy se observaban muy pocas caras amigables. Aunque el hospital todavía brindaba cuidados de muy buena calidad la gente le decía a Makowski que "el espíritu de Mercy" se había perdido.

Transformar una organización con una ética pobre y mal servicio intentando devolverle su antigua buena reputación parece un reto radicalmente distinto al de devolverle la esperanza al lugar más violento del planeta, pero en ambos casos el acto de tomar un punto de vista radical y actuar para defenderlo implica que la gente se reúna a planear un futuro diferente aunque no haya un plan claro de cómo lograrlo. Makowski comenzó reuniéndose con su equipo de líderes y compartiendo con ellos su visión acerca de un mejor futuro para Mercy. Por meses ellos se reunieron y discutieron sobre lo que querían lograr y qué se requería para devolverle al hospital su buen nombre.

Aun así, uno de los pasos más importantes en la transformación del hospital no tuvo nada que ver con los líderes que llevaban su nombre impreso en sus tarjetas de presentación. Un grupo de empleados de la línea del frente le preguntaron al director ejecutivo del hospital si había la posibilidad de reunirse semanalmente, a menudo durante su tiempo libre. El grupo se llamó a sí mismo el "Comité de reanimación del hospital". Igual que esos residentes del comité de reuniones en São Paulo, este personal de Mercy no tenía idea de cómo lograr los cambios deseados. Sin embargo lo que sí sabían era que estaban cansados de la baja moral, el pobre servicio y tantas caras insatisfechas, y por eso querían producir un cambio. También ellos fueron lo suficientemente ingenuos para pensar que podían hacer algo al respecto.

Durante un año se reunieron a compartir sus ideas. Muchos empleados tomaron riesgos personales inherentes relacionados con el hecho de querer marcar la diferencia. Pasaron por alto los comentarios malintencionados de los compañeros de trabajo que afirmaban que ellos estaban buscando la condescendencia de los jefes. También enfrentaron el tener que delatar a algunos líderes del hospital que se propusieron dificultar intencionalmente el desarrollo de un ambiente de trabajo más positivo. Comenzaron a surgir historias sobre la forma en que este grupo de empleados de la línea del frente estaban combatiendo con frecuencia la mala actitud de sus compañeros, invitándolos a dejar el negativismo y mejorar la actitud.

En últimas, este "Comité de reanimación" lanzó la idea de hacer una campaña para recuperar la actitud del personal retando a cada miembro con cuatro principios muy sencillos incluyendo *"Elige tu actitud"* y *"Alégrale el día a alguien".* En el término de pocos años, más miembros del personal se fueron uniendo, el mercado mejoró, el hospital ganó premios de calidad, y lo más importante de todo, la gente de la comunidad comenzó a hacer comentarios inesperados acerca de la nueva atmósfera que se vivía el Mercy Hospital.

Por una parte, esta es sólo otra historia acerca de un gerente ejecutivo y un equipo de trabajo que supo cambiar positivamente el curso de una organización. Pero a un nivel más profundo es la historia de individuos que eligieron marcar la diferencia incluso antes de tener un plan concreto para hacer ese cambio. Es la historia de un pequeño grupo de empleados en la línea del frente que arriesgaron ponerse en ridículo para lograr su cometido. Es la historia de algunos dirigentes que se unieron a Makowski para confrontar la mala actitud que se había apoderado del hospital. Es la historia de lo que ocurre cuando la gente se une y comienza a pensar en un futuro distinto.

¡Comienza a actuar!

Piensa en el poder de esta simple frase: Haz algo…¡haz lo que sea! Cualquier estudiante en una escuela en la que el matoneo es actualmente la norma tiene derecho a iniciar un movimiento en defensa de la paz escolar. También cualquier estudiante está en capacidad de empezar por organizar una asamblea y hacer que las ideas de los demás fluyan en busca de soluciones. Cualquier dueño o gerente de una empresa también puede comenzar conversaciones con algunos colegas acerca de cómo lograr un mejor balance entre el trabajo y la vida personal. Incluso sin un plan establecido ni unas pautas dadas por parte de la gerencia, entre ellos tenían cómo emprender acciones para crear tal balance. Algunos vecinos también se han juntado para planear cómo limpiar su vecindad. Piensa en esto por un instante: todo lo que se logra comienza siempre porque alguien dio el primer paso. Casi nada de lo que se consigue comenzó con un proyecto detallado, pero aun si así fue, el camino al éxito poco se parece al plan inicial.

No hay garantía de que tus conversaciones te lleven a un plan coherente pero es casi garantizado que nada pasará si alguien no comienza a manifestarse. Hacer algo... lo que sea, es la clave para comenzar. Juguemos a *hacer algo... lo que sea* en los muchos ámbitos dentro de los cuales tengamos la oportunidad de marcar la diferencia. ¿Qué si tu matrimonio o relación romántica ha perdido sentido o dejó de ser emocionante y aventurera? A lo mejor te sientas tentado a esperar hasta tener un plan perfecto, ¿pero qué tal si simplemente haces algo... lo que sea? ¿Y qué si al empezar por tener conversaciones sobre este aspecto de tu relación, comienzas a recordar los tiempos en los que el deseo de aventura estaba presente? Quizás esa conversación sea el punto de inicio a encontrar soluciones. De pronto tú, por iniciativa propia, comienzas a planear una sorpresa, un viaje repentino, compras un libro para leerlo junto con tu pareja.

Quizás es tu interés hacer algo dentro de tu lugar de trabajo para nivelar el ambiente. Tú a lo mejor no eres el gerente ejecutivo ni un líder experto pero sientes la certeza de que el ambiente de trabajo es importante para tener balance en la vida. ¿Por qué no comenzar reuniéndote con uno o dos aliados, con alguien que esté de acuerdo en que hay una necesidad de cambio? Cuando hagas esa reunión no te enfoques en lo que los demás deben hacer (recuerda el 0/100). En lugar de eso revisa qué pasos necesitas dar para ayudar a mejorar la situación.

Esto fue exactamente lo que ocurrió en una firma de finca raíz en el Medio Oeste cuando un pequeño grupo de empleados comenzó a reunirse para ver cómo tener balance entre su vida personal y familiar pero a la vez hacer el máximo dentro de su área de trabajo. El jefe no sancionó oficialmente a los miembros de su equipo, ellos sencillamente se dieron cuenta que había que hacer algo al respecto.

Entonces comenzaron con algunas ideas tales como acordar no enviarse correos electrónicos entre sí durante los fines de semana y procurar no programar reuniones de trabajo después de las 5:00 de la tarde. Pronto más empleados se unieron al grupo e hicieron el compromiso de parar los correos durante los fines de semana y restringir el horario de trabajo a las horas de oficina. Con el tiempo se fue dando un verdadero cambio dentro de la cultura de la empresa sólo porque tres personas decidieron comenzar una reunión y dar sus primeros pasos de inicio. Ellos no tenían idea a dónde los llevarían sus esfuerzos cuando comenzaron, pero terminaron por ver los resultados por todas partes. ¡En cuestión de un año muchas de sus ideas iniciales se convirtieron en políticas empresariales oficiales!

Insisto, casi todo logro comienza con alguien que decidió hacer algo. A lo mejor no fue lo ideal, pero puso a rodar la pelota.

Piensa en algo que te gustaría cambiar ahora mismo. Alguna circunstancia acerca de tu vida, de tu empresa, de tu comunidad. Ahora piensa en algo que estés en capacidad de hacer hoy para comenzar a crear ese cambio. Piensa en la gente que sería conveniente reunir, imagínate una asamblea por la defensa de lo que sea que quieres defender, o en el comité de reinvención en beneficio de algo que quieras reinventar. ¿Qué vas a hacer para darle comienzo a todo esto?

Un último ejemplo humorístico para probar mi punto. Hace años estaba escuchando algún día el programa de Richard Carlton, autor de *Don´t Sweat the Small Stuff*, y él hablaba de hacer ejercicio así que le preguntó a la audiencia cuánta gente habría querido hacer ejercicio siempre pero nunca lo hizo. Para mi sorpresa el 75% de la audiencia quiso hacer ejercicio de una manera constante pero nunca lo hizo.

Entonces Carlson dijo: "Quiero hacer una propuesta, que si la implementan, en el trascurso de dos semanas estarán haciendo ejercicio de manera regular. Comiencen mañana cuando se despierten, párense al lado de su cama y hagan cinco saltos de tijera. Hagan esto durante dos semanas seguidas temprano en la mañana al lado de su cama y luego cuando alguien les pregunte si hacen ejercicio en forma regular, ustedes pueden contestar: 'Sí, es lo primero que hago en la mañana'".

Confieso que cuando escuché a Carlton decir eso mi primer pensamiento fue algo como: "¡Por favor! ¡Con razón se burlan de los conferencistas motivacionales!". Luego me di cuenta de lo que él quiso decir. Muchos de nosotros tenemos la intención de hacer algo pero estamos esperando al plan perfecto. Cinco saltos de tijera eran un buen comienzo para proseguir con algo más. Hacerlos a diario cambiaría el nivel de energía. No lograrían que nadie se pusiera en forma pero haciéndolos, haciendo algo al respecto es con frecuencia la forma adecuada de comenzar a marcar la diferencia.

Jardim Ângela comenzó a cambiar la noche en que aquellos ciudadanos se reunieron con el padre Crowe a hablar acerca del futuro. Mercy Hospital se puso en camino hacia recuperar su visión social en el mismo momento en que esos empleados se ofrecieron como voluntarios para jugársela para cambiar las cosas. La decisión de tres personas de dejar de enviarse correos durante los fines de semana fue el primer paso hacia un mejor balance entre la vida laboral y personal de la empresa. Cinco saltos de tijera no cambiarán tu vida, pero son un comienzo.

Haz algo... ¡lo que sea! Si quieres esperar al plan perfecto es posible que nunca marques la diferencia.

Formas de marcar la diferencia

⇨ Encuentra algo. Piensa en algún aspecto en tu área de trabajo, en tu vida personal o en el mundo, en lo cual deseas lograr algún cambio. En lugar de intentar desarrollar el plan perfecto identifica algo que puedas comenzar a hacer de inmediato para moverte en la dirección adecuada hacia lo que quieres mejorar.

⇨ Busca la forma de iniciar reuniones. Encuentra aliados y empiecen a hablar de lo que les preocupa. A lo mejor se trate de mejorar la escuela, incrementar la ética del lugar de trabajo, elevar el nivel de servicio al cliente, hacer algo respecto al matoneo en tu escuela o salvar el planeta. Pero cuando al fin hagas tu reunión, no gastes ni un solo minuto hablando acerca de cómo otros necesitan cambiar. En lugar de eso, enfócate en lo que tú puedes y vas a hacer, así como en los pasos que darás, no importa qué tan insignificantes o pequeños te parezcan.

⇨ Habla del futuro. Este paso es un excelente precursor de cambios significantes. Piensa en lo escéptica que seguramente estuvo la gente durante ese primer encuentro en la barriada de São Paulo. Si algo te preocupa o quieres lograr cambios, comienza por reunirte con otros a planear el futuro.

CAPÍTULO 7

Comienza siempre en el lugar en que te encuentras

"¿Dónde comienza un cambio? Comienza aquí mismo.
¿Por qué?
Porque es aquí donde te encuentras".
Peter Block

Si realmente queremos tomar responsabilidad y hacer cambios en nuestra empresa y en el mundo, necesitamos entender que el mejor lugar para empezar es dondequiera que nos encontremos ahora mismo. Marcar la diferencia empieza cuando abrimos los ojos y vemos que en donde sea que estemos, la situación en que nos encontremos, es allí donde es posible marcar la diferencia. ¿Recuerdas la simple definición que compartí en el prefacio: "Marcar la diferencia consiste en ver una necesidad y decidir que TÚ eres el indicado para hacer algo al respecto"? La esencia de esto es que debemos actuar con todos los dones y habilidades que tenemos. Como Artur Ashe, el gran tenista, dijo en una ocasión: "Para alcanzar la grandeza, comienza donde estás, usa lo que tienes y haz todo lo que puedas".

Rahul Singh es un paramédico que vive de su trabajo. Fue elegido por la revista *Time* en el 2010 como una de las cien personas con mayor influencia en el mundo. Su historia y la razón por la cual fue elegido por *Time* ilustra el principio de la importancia de marcar la diferencia justo donde te encuentras y con las habilidades que tengas.

| 89 |

Rahul creció en Montreal y Toronto. Fue entrenado como paramédico y estuvo trabajando en el área de emergencias médicas. Cuando su matrimonio terminó a mediados de 1990 él decidió viajar y fue a parar al sureste de Nepal. Cuando se encontraba trabajando y enseñando en el hospital fue asignado a una zona en donde ocurrieron una serie de derrumbes con horribles secuelas.

"Cuando llegué allá fue reconfortante ver el impacto que tiene tu trabajo de una manera tan directa", me dijo. "Todos los días les llevábamos agua potable a gentes que no tenía ninguna clase de agua, salvando así, literalmente, vidas humanas a diario. Estábamos haciendo en realidad un muy buen trabajo y llegó la noticia de que la agencia se había quedado sin dinero y no teníamos nada más que hacer".

Molesto con la situación Rahul se dirigió a Kathamandu pidiendo trasporte en la carretera y tomando buses hasta llegar a su destino, a la oficina principal de la agencia. El director se estaba hospedando en un hotel de cinco estrellas e invitó a Rahul a una cena fantástica. En mitad de la comida Rahul le dijo al director que se sentía tremendamente enojado con él: "Casi no lograba ni comer. Era un contraste tan marcado, la gente estaba viviendo en unas condiciones de tanta pobreza, les estábamos llevando agua limpia a quienes no la tenían y allí estaba él viviendo tan cómodamente. Así se lo manifesté, le dije lo que pensaba. ¿Adivina qué pasó? ¡No me sorprendió que me despidiera!".

Rahul regresó a Canadá. Muy pronto después de su regreso su mejor amigo, David Gibson, murió de complicaciones a causa de un trasplante de hígado. Gibson se acababa de casar justo el año anterior y luchó a puño limpio contra la muerte. Estaba apenas en sus treintas. La muerte de su amigo significó mucho para Rahul y lo devastó, pero al mismo tiempo le sirvió de catalizador.

"Cuando asistí a su funeral me di cuenta de todas las vidas que él tocó en su corta existencia y pensé: 'Mira lo que hizo mientras estuvo aquí'. Y entonces puse todas la pieza juntas", dijo Rahul. Se dio cuenta que tenía la opción de combinar su experiencia en Nepal con su entrenamiento como paramédico y convertirlos en una fundación en homenaje a su amigo David "para cubrir las necesidades de la gente en un mundo emergente".

Muchos me han preguntado repetidamente acerca del tema de marcar la diferencia: ¿qué hace que las personas finalmente se decidan a actuar y lograr cambios? Desde mi experiencia veo dos razones primordiales para hacerlo y las dos están ilustradas en la historia de Rahul. La primera es frustración, ese sentimiento de haber llegado al límite y tener la sensación de que algo no anda bien (y de que alguien tiene que hacer algo al respecto). Fue el enojo de Rahul —por el costoso hotel y la cena exquisita en gran contraste con la pobreza que había visto en Nepal— lo que lo llevó a decidir que había que hacer algo. Fue el enojo por la matanza de ballenas lo que llenó la copa de Rex Weyler, y esa misma rabia por la respuesta pasiva ante encontrar cadáveres tirados en las puertas de los bares, lo que motivó también al padre Crowe.

Pero el catalizador inicial parece ser ese sentimiento de poder y querer cambiar el *statu quo*. La marcha al cementerio ayudó al padre Crowe a ver el potencial de reunir a la comunidad para proponer cambios, el funeral de su amigo David le mostró a Rahul que una persona podía tener una inconmensurable influencia sobre los demás y el creciente número de personas asistiendo a las reuniones del comité de reanimación en Mercy Hospital produjo que otros grupos de la comunidad también se unieran a enfrentar la realidad de la entidad.

Detrás de su enojo, y viendo la diferencia que marcó su amigo, Rahul comenzó una organización llamada Global Medic y la construyó bajo un simple principio: lograr que los paramédicos y otros miembros del personal de emergencias donaran de su tiempo durante los tiempos de desastres, recolectar dinero para suplementos médicos y tratar de llegar a la escena de los hechos tan pronto como sea posible. Durante los últimos diez años la agencia ha pasado de conseguir $8.500 dólares en donaciones anuales a cerca de $1 millón. Pero el impacto de la organización va mucho más allá de lo que esas cifras implican porque todos los que brindan servicios son voluntarios.

Rahul ha estado en la escena de muchos de los peores desastres de la última década, incluyendo el tsunami en el sureste de Asia y el horroroso terremoto de Haití. Hasta el día de hoy, la entidad tiene solamente dos empleados a sueldo y Rahul no es uno de ellos, él todavía vive de su trabajo como paramédico.

"Tenemos un mantra: 'la mayor cantidad de ayuda a la mayor cantidad de gente posible por el más mínimo costo'", me dijo Rahul.

Él no era experto en recolectar fondos ni tampoco contaba con habilidades administrativas. Lo que él tenía es aún mucho más importante: un gran deseo de que las cosas fueran mejores y la convicción de que podía hacer algo al respecto. Durante mi entrevista con él, Rahul me dio uno de los parámetros más esenciales en el tema de marcar la diferencia, una simple pero profunda idea: tienes que usar los dones y habilidades que tienes para sacar provecho de ellos.

Esto es lo que me dijo: "Yo soy un paramédico, así que la forma lógica en que logro marcar la diferencia es a través de ayudar en las emergencias. En el caso de una niña de siete años de edad, su mejor contribución ha de ser hornear un postre y aportarlo en un evento de recolección de fondos. Si tú eres una industria farmacéutica, la mejor forma de marcar la diferencia es proveyendo medicina, y si eres una aerolínea entonces tu colaboración estaría en proveer un avión para enviar suplementos médicos. Hay una mujer llamada Sharon y es una de nuestras voluntarias. Ella trabaja en un hospital local pero no puede desplazarse para ir a las zonas de desastre, pero viene e invierte horas ayudando a empacar medicinas, y esa es su forma de marcar la diferencia. Sólo porque tú eres el que va a los lugares donde ocurren los desastres no significa que eres más importante. Cada uno de nosotros puede marcar la diferencia con lo que tiene para ofrecer".

Comienza donde estás y haz lo que esté a tu alcance

Comenzar donde estés y hacer lo mejor con el conjunto de herramientas con que cuentas es crucial. El año pasado mi socio y yo hicimos un viaje a Uganda en el que pasamos como cinco semanas haciendo trabajo voluntario para una organización que ayuda a miles de mujeres a salir de su pobreza. Cuando regresamos a casa experimentamos un poco de incomodidad porque volvimos sin ese profundo sentido de propósito que teníamos cuando estábamos allá. Entonces un día paramos justo en un semáforo en el que un hombre sin hogar estaba pidiendo dinero. Se veía tan pobre y desvalido como muchos de esos seres que vimos en Uganda.

"Qué vergüenza haber tenido que ir hasta Uganda para ayudar a la gente", dijo mi amigo. "Deberíamos hacer algo justo aquí donde vivimos".

Con frecuencia pensamos que tenemos que ir a algún lugar distante a marcar la diferencia cuando la oportunidad está justo en frente nuestro. Durante los siguientes meses, esta vez con los ojos abiertos, comenzamos a notar la pobreza y desesperanza a tan sólo unos pocos bloques de distancia de nuestro propio hogar. Adoptamos a un hombre indigente convirtiéndonos en sus principales proveedores de productos reciclables de los que él pudiera beneficiarse. Además le ofrecí mis servicios como consultor en calidad de voluntario a una organización a cuatro bloques de mi casa, la cual se encarga de hacer un amplio trabajo con gente que vive en la calle y fue así como terminé haciendo parte de la junta directiva.

A veces para marcar la diferencia debemos poner a un lado la idea de hacer grandes aportes y comenzar a actuar con lo que tenemos de manera inmediata. Un joven en sus veintes le escribió un correo a Rex Weyler luego de leer sobre cómo él y otros ayudaron a parar la cacería de las ballenas. Atraído por el sentimiento de aventura, unido al propósito de contribuir a la campaña a favor de las ballenas, el joven corresponsal le dijo a Weyler que quería hacer algo importante que contribuyera a salvar el planeta. Rex le contestó diciendo que era grandioso querer hacer algo importante, pero que debería comenzar por encontrar algo para hacer justo en su comunidad.

Al principio el joven se sintió desilusionado con esa idea, pero unos meses después el joven volvió a escribir. Al recibir el consejo de buscar algo por hacer para ayudar en su comunidad, él observó que en el día de reciclaje algunas casas de su vecindad reciclaban mucho y otras muy poco así que preparó un sencillo volante y lo pegó sobre un bote de basura pintado de azul mostrando la diferencia que hace el hecho de reciclar y luego fue de casa en casa para convencer a los vecinos de los beneficios de reciclar. Al final de sólo unas pocas semanas de trabajo casi todas las casas en su vecindario tenían canecas de basura azules llenas de elementos reciclables. Él marcó la diferencia justo en el lugar donde se encontraba con las habilidades con que contaba. Pero principalmente se dio cuenta que marcar la diferencia allí produjo resultados inmediatos.

Marcar la diferencia es encontrar posibilidades para hacerlo en medio de la cotidianidad

He contado muchas formas de marcar la diferencia en distintos y amplios escenarios a lo largo de este libro. Departamentos de empresas enteros convertidos en máquinas productoras de ganancias, cacerías de ballenas que se detuvieron, sistemas escolares transformados y barriadas violentas hechas comunidades pujantes.

Pero gran parte de cambiar la realidad y hacerla mejor tiene que ver con hallar las posibilidades que existen incluso en medio de la cotidianidad.

WestJet, ubicada en Cánada, es una de las aerolíneas más prósperas del mundo. Durante sus quince años de fundada, la empresa ha captado parte del mercado que le pertenecía a sus competidores, principalmente porque su enfoque es ofrecer un inigualable servicio al cliente. Casi todo cargo dentro de la empresa les brinda a sus empleados la posibilidad de dar pasos que marquen la diferencia. Lo único que se requiere es que mantengamos los ojos abiertos, así como lo ilustra WestJet.

Una de sus agentes en los centros de atención recibió una llamada de un papá desconcertado cuya hija, una mujer adulta, acababa de tener un evento cardiaco y fue internada en el hospital con un virus en el corazón, así que había razones de peso para pensar que no lograría sobrevivir. Estos padres necesitaban tomar un vuelo tan pronto como fuera posible pues esa podría ser su última oportunidad de ver a su hija con vida. La agente le informó al hombre que el avión salía en tan sólo unos minutos y que no había por el momento más vuelos programados. Fácilmente le hubiera ofrecido sus disculpas deseándole suerte, pero ella le consiguió dos pasajes para el vuelo que estaba a punto de despegar y le aconsejó al cliente que llegaran al aeropuerto de inmediato.

Luego salió de la oficina y se fue a buscar al gerente de turno en el aeropuerto y a contactar a dos agentes en el muelle de salida para convencerlos de demorar el vuelo consiguiendo que así fuera, de manera que esos padres abordaron el avión. La agente había podido limitarse a venderles pasajes para el siguiente vuelo, pero si lo eso hubiera hecho se habría perdido de la oportunidad de marcar la diferencia justo en ese preciso momento. Sin embargo, ella la marcó —hizo la diferencia para esos padres, aumentó la reputación para WestJet y probablemente también inspiró a otros.

A veces hacer la diferencia puede significar sencillamente mantener tus ojos abiertos y preguntarte "¿cómo puedo hacer la diferencia en este momento y donde me encuentro?". Marcar la diferencia es hacer la pregunta que ese hombre entrado en años, dueño del almacén, le hiciera a Howard Behar: "¿Si no yo, quién?". Mira, parte de dar el paso diferenciador es darte cuenta a cualquier momento que si tú no lo haces, es probable que nadie lo haga. De pronto el hecho de que lo hagas significa más de lo que llegues a imaginarte.

Hace algunos años una joven de Toronto llamada Sameera me contó una de las más profundas historias que yo haya escuchado. Luego de visitarla, sus padres tomaron un vuelo de regreso a casa pero su mamá murió repentinamente de un ataque cardiaco durante el vuelo. Días más tarde Sameera se hallaba sentada en una funeraria, desconociendo a la mayoría de los visitantes. Tenía que preguntar a su padre y hermanos quién era cada persona, pero nadie conocía a una señora sentada en una esquina.

Entonces ella se dirigió a aquella mujer de mediana edad y le hizo conversación. "Yo era su única hija", le dijo, "mi familia y yo estábamos precisamente comentado que ninguno de nosotros la conocemos, así que me pregunto ¿cómo conocía usted a mi madre?". La mujer, reposadamente le contestó: "Lo siento, no conocí a su mamá". Un poco sorprendida la hija comentó: "No entiendo, entonces ¿por qué está usted aquí?". "Bueno, es una historia un poquito larga", comenzó a decir la mujer, y luego continuó: "Hace unos cinco años yo estaba pasando por una situación muy, muy difícil en mi vida. Tan terrible que ideé un plan para matarme. Ese día iba en un bus, sentada junto a una mujer que iba muy absorta en un libro. A mitad del camino ella puso su libro en las piernas y se volteó hacia mí diciendo: 'Parece que necesitas hablar'. Por el resto del viaje, no sé por qué, le conté mi historia. Ella me habló, me dijo que a veces las cosas parecen tan oscuras pero si esperamos, la luz volverá a salir. Cuando llegué a mi casa, cambié mi plan, decidí vivir. Estaba tan absorta en mí misma que ni siquiera me preocupé por cuál era su nombre, pero hace tres días vi su foto en el periódico. ¿Sabe? Yo no conocía a su madre, pero sus veinte minutos conmigo me salvaron la vida, así que vine a darle las gracias".

En medio de la rutina diaria, la madre de Sameera marcó la diferencia. Ella vio una necesidad y pensó: "A lo mejor puedo hacer algo al respecto". Ella pudo haber permanecido con su nariz metida en el libro o simplemente enfocarse en lo que tenía en mente. Pudo haber dicho: "Que alguien más limpie eso más tarde". En lugar de eso ella dijo: "Si no yo, ¿quién? Si no ahora, ¿cuándo?". Claro que no toda acción para marcar una diferencia tiene una consecuencia tan significativa, pero ese también es el punto, que marcamos la diferencia sin saber las consecuencias.

¿Cuál es el papel que mejor interpretas?

Estas son preguntas para que te las contestes a ti mismo: ¿Qué es aquello en lo que te interesas profundamente? ¿En qué papel es en el que mejor te posicionas para resolver un problema?

Para marcar la diferencia a menudo necesitamos dejar el ego a un lado. Hacer algo importante es agradable, pero lograrlo es casi siempre el resultado de cosas pequeñas. Rahul no se conformó con ser una de las personas más influyentes de *Time*. Él vio una necesidad y la conectó con sus habilidades de paramédico. ¿Qué puedes aportar ahora mismo donde te encuentras? ¿Qué vas a dar de ti para que tu empresa sea mejor, de pronto en cuanto a su ética, reputación, servicio? ¿Cómo lograrías que tu comunidad fuera mejor?

Seguramente no detendrás la pobreza ni resolverás el hambre mundial, pero de pronto hay una persona desposeída a pocos bloques de tu casa, o un cliente insatisfecho al otro lado de tu escritorio.

Dolor y esperanza en Haití

Rahul Singh, como mucha otra gente que ha marcado la diferencia, me confesaba que no estaba muy seguro de si había hecho suficiente: "Pienso que no he hecho lo suficiente. ¿Por qué estamos consiguiendo tan sólo $1 millón de dólares al año cuando la necesidad es tan grande?".

Cuando ocurrió el terremoto de Haití la ayuda de Global Medic fue de las primeras en llegar. Sus voluntarios volaron a República Dominicana y manejaron hasta la frontera de Haití, llegando a la escena del desastre tan sólo sesenta horas después del terremoto. Se quedaron allá durante cuatro meses. Hubo dolor en cada vida que salvaron. Rahul me contó historias conmovedoras y lamentables acerca de lo que significa estar en las líneas del frente de un desastre como esos. Una de ellas se destacó. Estas fueron sus propias palabras:

"Tuve un momento en que quise tirar la toalla pensando que no valía la pena. Estaba trabajando desde las cinco de la mañana hasta tarde en la noche. Ni siquiera había dormido la noche anterior cuando un hombre con un arma me toca en mi hombro y me dice que hay una mujer con un niño enfermo. Había dado a luz trillizos tres días antes del terremoto. Uno murió durante el terremoto y los otros dos estaban enfermos. Eran las 5:30 del domingo en la mañana y el sol apenas estaba saliendo.

"La única entidad que atendía a un recién nacido de ocho días estaba dirigida por israelitas y quedaba a veinte kilómetros de distancia. A seis días de lo sucedido, ¡parecían como si fueran 2.000 millas!

Las calles no eran seguras y había saqueadores por todas partes, así como gente armada. Yo iba a decir que no pero algo en mí no me lo permitió. La subimos junto con sus dos bebés en un Land Cruiser y emprendimos camino. Llegó un punto en que el carro estaba tan rodeado de tanta muchedumbre que el conductor tuvo que hacer unos disparos por las ventanas para despejar la multitud.

"Todo el tiempo que manejamos, que fue gran parte del día, estuve atendiendo al niño. En cierto momento me di cuenta que había muerto. En Toronto la Policía habría venido a escoltarnos hasta el hospital, pero aquí era demasiado lejos y nos demoramos demasiado. No tuve el corazón para decirle a la madre que su hijo estaba muerto, así que lo envolví bien y se lo devolví. Ella lo consintió entre sus brazos hasta que llegamos al improvisado hospital.

"Cuando finalmente llegamos los israelitas recibieron al niño que estaba en buen estado de salud y me dijeron que yo tenía que decirle a esa madre que el otro había fallecido y que le preguntara si ella quería cremarlo. Así que se lo dije, fue horrible. En mi país tendríamos que haber llenado unas certificaciones de defunción y otros papeles, pero aquí no quedaría un historial de la muerte de ese pequeño. Había muchas otras cosas en las que ocuparse. Yo me sentía tan enojado hasta de haber pensado en cuánta gente no recibiría agua potable ese día por el hecho de haber ido con esos bebés hasta ese lugar. Ese día, cuando iba de regreso a la base, unos niños nos dijeron en creole cuánto les habíamos arreglado el día y dado esperanza. Entonces pensé: 'Mira lo que ellos están afrontando y tienen esperanza. ¿Quién soy yo para estar enojado?' ".

Durante los meses que estuvimos allá Global Medic les sirvió a miles de pacientes, aportó millones de dólares en medicinas y distribuyó un millón de litros de agua potable cada semana. Pero aún si marcas la diferencia, no puedes arreglarlo todo.

Claro que fue enojo en parte lo que motivó a Rahul en un principio, rabia de esa cena en ese hotel de cinco estrellas y luego la muerte de su mejor amigo. Le pregunté lo que él les diría a los demás acerca de marcar la diferencia. "Hay un sentido de urgencia", me dijo. "La vida es corta: si no vas a hacer lo necesario para producir cambios hoy, ¿entonces cuándo? Tú no quieres mirar un día atrás y desear haberte parado en la brecha y haber logrado algún cambio".

Formas de marcar la diferencia

⇨ Identifica tus habilidades. ¿Con qué habilidades cuentas para marcar la diferencia? Piensa en cómo puedes aplicarlas en beneficio de algo que te importe. A lo mejor sabes hablar en público, escribir bien, o tu principal fortaleza es dar de tu tiempo. ¿Cómo puedes usar lo que tienes ahora mismo para marcar la diferencia?

⇨ Reflexiona sobre la rutina diaria de tu trabajo y de tu vida. ¿Cuáles son todas esas maneras en que podrías tomar tu responsabilidad para cambiar las cosas en tu vida diaria sin irte a otra parte ni cambiar algo, excepto la forma en que percibes tu trabajo o tu papel?

C A P Í T U L O   8

El liderazgo no es una posición

"Si tus acciones inspiran a otros a soñar más, aprender más, hacer más y lograr más, entonces tú eres un líder".
John Quincy Adams

El liderazgo no se ciñe a una posición. No basta con que seas o no asignado o elegido como líder. El liderazgo no se trata de lo que tu tarjeta de presentación diga, ni de tu título, ni de dónde te sientas en el organigrama de una empresa. El liderazgo es una postura, una decisión que tú deseas para influenciar a otros de manera positiva. Davis Shepherd y Travis Price no sustentaban unas posiciones de liderazgo pero en septiembre de 2007 decidieron liderar. Era una semana de inicio normal en Central Kings Rural High School en Nova Scotia, Canadá, cuando un estudiante llegó a la escuela con una camiseta rosada. Era de noveno grado y era su primer día en la escuela, habiéndose mudado recientemente a esa vecindad. Resultó no ser un día muy bueno. Fue matoneado sin misericordia por un grupo de estudiantes de doceavo grado que lo llamaron gay y lo amenazaron diciéndole que si volvía a usar otra vez una camiseta rosada, lo golpearían sin piedad. ¡Bienvenido a la escuela!

Eventos como este ocurren todos los días en las escuelas alrededor del mundo, con repercusiones violentas frecuentes como se evidencia en situaciones como el reciente suicidio de un estudiante de

Rutgers University en New Jersey. De acuerdo a Centers for Disease Control, más de 4.400 adolescentes se suicidan cada año nada más en Estados Unidos y los estudiantes que son víctimas del matoneo son propensos al suicidio nueve veces más que aquellos que no lo sufren. Un estudio británico sugiere que casi la mitad de los suicidios en los jóvenes están relacionados con el matoneo. Eso significa que 2.200 adolescentes podrían suicidarse anualmente en Estados Unidos ¡debido a esa causa! De acuerdo con un reporte de ABC News, algunos 160.000 estudiantes americanos se quedan en casa a diario debido al temor. (Esa es sólo una de las muchas estadísticas sobre el asalto estudiantil. Algunas citadas en este libro proceden de http://www.bullyingstatistics.org/content/bullying-and-suicide.html).

En Central Kings High los estudiantes de doceavo, David Shepherd y Travis Price, escucharon acerca del incidente de matoneo y decidieron tomar acción. Con el tiempo David dijo: "Me di cuenta que suficiente era suficiente. Que las cosas habían llegado demasiado lejos y que alguien necesitaba hacer algo al respecto. Le dije a Travis que nosotros deberíamos ser quienes se encargaran de hacer algo y él estuvo de acuerdo". David y Travis fueron entrevistados unos días después en la televisión nacional y la historia fue reportada en CBC. Si quieres leer la entrevista, la encuentras en www.cbc.ca/news/canada/nova-scotia/story/2007/09/18/pink-tshirts-students.html.   Ellos tuvieron una simple idea: ir a un almacén y comprar tantas camisetas y chalecos rosados como les fuera posible. A través de Facebook y correos electrónicos esa noche ellos decidieron contactar a la mayor cantidad de gente que pudieran y que estuviera de acuerdo en unirse a lo que ellos llamaron "un mar rosado". La siguiente mañana, no solamente los estudiantes repartieron las cincuenta camisetas y chalecos que David y Travis compraron, sino que cientos de otros estudiantes asistieron a la escuela usando el color rosado, algunos vestidos de ese color ¡de la cabeza a los pies! Los chicos estaban sobrecogidos ante esa respuesta.

Uno de los matoneadores vio el mar rosado y enfurecido arremetió contra una caneca de basura, pero, como David dijo: "Ni un pequeño silbido volvió a escucharse de los matoneadores después de ese día". La historia fue publicada por los medios canadienses y fuera del país. Hoy cientos de escuelas en todo Canadá y en otras partes celebran días de camiseta rosada, todo porque dos estudiantes de doceavo grado se pararon, lideraron y marcaron la diferencia. Nadie los designó, ellos no eran jefes (ni siquiera miembros) de algún comité antimatoneo, ni tampoco eran estrellas del equipo de fútbol. Ellos simplemente decidieron ser líderes. David dijo en CBC News: "No seremos capaces de parar todo el matoneo pero si muchos nos paramos y marcamos la diferencia haciendo lo que esté a nuestro alcance, nos desharemos de una buena parte de la violencia estudiantil". Ve a pinkshirtday.ca para mayor información acerca del caso.

NO hay cómo decidir que no vas a liderar

Liderar no sólo NO es una posición. Es igualmente cierto que *no* tienes cómo decidir que no vas a liderar. Es decir, lo quieras o no, estás influenciando a otros. Con el simple hecho de mostrar un cierto estilo en nuestra vida y trabajo, cada uno de nosotros crea un efecto, incluso sin proponérnoslo.

Haz este pequeño experimento. La próxima vez que entres en una conversación que sea negativa, haz un giro intencional y mira lo que ocurre. Si alguien está hablando de forma pesimista acerca de tu empresa, compañero de trabajo o de una responsabilidad compartida, toma ese comentario y conviértelo en positivo. Mira cómo la dinámica cambia. De hecho, al no decir nada estamos tomando un papel de liderazgo sin siquiera darnos cuenta. Por eso es que los expertos en matoneo opinan que ser espectadores es un elemento crítico en la cultura del matoneo, en el trabajo o en la escuela. No participar también es una forma de liderar.

Intenta un día no ejercer ninguna clase de influencia. Sólo quédate callado en todos los temas que surjan y verás que antes de lo que te imaginas los demás estarán forzándote a dar tu punto de vista. Tu total silencio y el deseo de no tener ninguna influencia habrán influenciado el curso de la conversación. Recuerda lo que escribí acerca de bostezar, que siempre causa una reacción.

Como padres deberíamos estar muy alertas sobre cómo lideramos, incluso cuando no lo estamos intentando. Piensa en esos momentos en los que te has hallado de repente hablando como tus padres, aunque dijiste que nunca lo harías. Ellos te estaban influenciando aun cuando no lo sabían.

Dado que el liderazgo no es solamente una posición, significa que cada uno de nosotros tiene más alcance del que cree. No necesitamos un título ni una posición de poder para ejercer nuestra influencia. Es obvio que decir que no la tenemos es una buena estrategia para mantenernos lejos de tomar alguna acción significativa. Decimos cosas como: "Si me dieran una verdadera autoridad aquí, déjame decirte lo que yo haría". Bueno, la cuestión es que ya tienes esa autoridad. Ya eres un líder. La única cuestión es cómo estás usando ese poder de influencia que ya posees.

Una forma de conectarte con la manera en que puedes ser influyente es preguntándote a ti mismo cuál es tu intención diaria. Es decir, ¿de qué manera quieres influenciar a los demás en el diario vivir solamente por la forma en que te presentas? Con el paso de los años, en las sesiones de los seminarios que he dirigido, les he pedido a miles de personas que hagan un sencillo ejercicio que consiste en exponer cómo intentan influenciar diariamente a quienes les rodean. Siempre he terminado tanto sorprendido como inspirado por las respuestas que la gente me da. Una recepcionista de una firma de abogados, por ejemplo, me dijo que su intención era que cada persona que ella conociera sintiera que el mundo es un lugar más amigable sólo porque se encontró con ella. La lista de intenciones es inspiradora. Unos dicen que quieren brindar amabilidad, otros, bondad, compasión, energía, coraje, esperanza. Tu posición no limita la influencia que ejerces sobre la gente. Esta mujer era "sólo" una recepcionista pero podía influenciar de una manera profunda a quienes la conocían al mantener su intención.

¿Cuál es tu intención diaria? ¿Cómo quieres influenciar a otros por la manera en que te presentas?

La historia detrás del Frappuccino de Starbucks

Parte de marcar la diferencia es decidir que vas a liderar más fuertemente desde el papel que desempeñas a diario. Las funciones que tienes en tu trabajo dicen que tienes ciertas responsabilidades, pero si quieres llevar la delantera decide liderar más de lo que tus funciones requieren. Estos son algunos de mis ejemplos favoritos. Muy probablemente hayas probado un Frappuccino de Starbucks y hayas visto que este ha tenido un gran impacto en el crecimiento de las ganancias de esa compañía. Lo que seguramente no conoces es la historia que se esconde detrás de esa bebida.

Según Howard Behar, antiguo Presidente de Starbucks International, este producto era desconocido. Pero a mediados de la década de 1990 en Santa Mónica, California, una cafetería de la ciudad estaba ofreciendo una bebida fría como postre, y era tan rica que estaba alejando a los clientes de Starbucks durante los meses de verano. Fue así como algunos miembros del personal, junto con la administradora local de Starbucks sintieron que necesitaban hacer algunas mezclas y crear una bebida que compitiera con la de aquella cafetería. Dina Campion, la administradora de los locales en el área de Los Ángeles, le dio a probar a su jefe de aquella bebida —y cuentan que ya cerca de treinta personas las preguntaban.

Según Behar, el gerente llevó la idea hasta el equipo gerencial de Starbucks, y aunque a ellos les gustó la bebida, Behar dijo: "El gerente de mercadeo que estaba encargado de la innovación de los productos dijo que estábamos en el negocio del café y que por eso pensaba que ese no era un producto adecuado para agregar al menú. La votación final fue 7 a 1 en contra". Behar llevó la mala noticia a Campion y su equipo. En muchos casos ese habría sido el final de la historia, pero Behar dijo: "Dina se puso como un perrito con colmillos afilados. Se quedó mirándome, me llamó y dijo que finalmente, de todas maneras ella seguiría vendiendo esas bebidas".

No estaba en la descripción de las funciones del administrador salir con nuevos productos. De hecho, Starbucks tenía un grupo de personas encargadas de crear nuevos productos para aumentar el menú. Pero los chicos de Santa Mónica hostigaron a Howard, el vice-presidente de ese local de Starbucks. Se mantuvieron presionándolo, diciéndole que era una idea ganadora, incluso cuando la respuesta resultó ser no. De todas formas ellos comenzaron a experimentar. En cuestión de pocos meses las ventas de las nuevas bebidas se habían disparado. La perseverancia valió la pena y las bebidas frías se convirtieron en el mejor producto de la empresa, en parte porque un pequeño grupo de gente lideró en un campo en el que no se suponía liderar. Ellos no permitieron que la posición se interpusiera en el camino de elegir liderar. El Frappuccino eventualmente se convirtió en un producto de $3 billones de dólares para la empresa. Esa fue la forma en que Howard Behar me contó la historia. Aunque los detalles exactos dependen de a quién se los preguntes, lo único cierto es que los chicos de Santa Mónica ejercieron un gran impacto en la compañía.

Cómo una agente en un centro de atención ganó un cliente de por vida

Liderar más allá de lo estipulado en las funciones de tu cargo suele ocurrir en la mayoría de lugares de trabajo. Canadian Tire es una cadena de almacenes que hace algunos años lanzó al mercado esta frase publicitaria: *Clientes de por vida.* Ellos querían estar tan enfocados en el buen servicio al cliente y tratarlos tan bien que se convirtieran en clientes de por vida.

En algunos cargos era obvio cómo los empleados se esforzaban para lograrlo. Pero la frase publicitaria no era tan evidente para un grupo de empleados en un centro de atención que invertían el día entero llamando a los clientes cuyas tarjetas de crédito auspiciadas por la tienda no habían hecho sus pagos. Todo el día llamaban a los clientes morosos para tratar de obligarlos a pagar sus cuentas. Desde esa posición suena muy difícil ganar clientes de por vida. De hecho, ¿quién quiere clientes de por vida que no pagan sus cuentas? Parecería más lógico que cualquiera en ese departamento dijera: "¡No es mi trabajo ganar clientes de por vida!".

Una de las agentes encargadas le hizo una llamada muy dinámica a una mujer que estaba atrasada en sus pagos desde hacía meses y se trataba de una cantidad de dinero importante a favor de Canadian Tire. La agente le preguntó cuándo podría cancelar su deuda y la mujer le contó una historia. Le dijo que había decidido hacía algún tiempo comenzar un negocio de hacer velas y que para promocionarlas supuestamente haría reuniones en las casas de otras personas con el fin de mostrarlas. Entonces compró una gran cantidad de implementos, pero surgió un inconveniente que le impidió llevar a cabo su plan: no logró que nadie la apoyara para invitar gente a dichas reuniones. La mujer se disculpó por no haber cancelado su factura y agregó que no tenía ni idea de cuándo estaría en capacidad de pagar, dada la enorme cantidad de materiales que tenía a la mano y sin ningún prospecto de reunión.

La mayoría de las veces aquí sería donde terminaría la historia. Sin embargo la agente le dijo a la clienta en mora que sentía mucho escuchar su problema y encima tener que cobrarle. Hasta les contó a algunas personas la historia. Cualquiera la perdonaría fácilmente por no intentar ganar un cliente de por vida en esa circunstancia. Pero pocos agentes harían lo que ella hizo.

El siguiente día llamó a la mujer nuevamente y le dijo: "He estado pensando en su situación y tengo una idea. Tengo unos cientos de personas, en su mayoría mujeres, que trabajan aquí en el centro de atención al cliente. Voy a poner unos avisos, organizar una reunión, y todo lo que usted tiene que hacer es venir con sus velas".

Unas semanas después estaba organizada la reunión. La mujer no sólo vendió la mayoría de su inventario sino que muchas de las empleadas le manifestaron que querían auspiciar sus reuniones en sus casas. Ese día en el centro de servicio fue crucial para la prosperidad del negocio de las velas. La mujer pagó su tarjeta de crédito y un año más tarde le envió una carta al presidente de Canadian Tire expresándole la gran diferencia que esta agente había hecho en su vida y negocio. La agente ganó un premio de parte de la empresa. Ella logró, por supuesto, un cliente de por vida.

Esta simple historia —que me contó Brigid Pelino, una antigua ejecutiva de Canadian Tire que ahora está en Tim Hortons— ilustra muchos de los aspectos de este libro. Primero, es cuestión de responsabilidad; no estaba en las funciones del cargo de la agente ayudar a la clientela a pagar sus deudas ni ayudar a esta clienta en mora a que un negocio tambaleante triunfara, pero de todas formas ella se responsabilizó. Fácilmente ella hubiera podido decir "no es mi trabajo" hacer eso. Pero en cambio hizo lo que hacen todos los que quieren marcar la diferencia: ella vio una necesidad y decidió que era la persona indicada para hacer algo al respecto. Por eso es que el 100% de responsabilidad significa acción, significa decir "¿Por qué no yo?" en lugar de "¿Por qué yo?". Además ilustra la profunda diferencia que es posible marcar independientemente del cargo que ocupemos. Marcar la diferencia consiste en hace lo que esté a tu alcance, donde estés y con lo que tengas.

Muchos estamos esperando a ocupar una posición de influencia antes de influenciar, cuando lo contrario es más diciente: mientras más influenciemos, más formalmente se nos dará la oportunidad de influenciar. La credibilidad de la agente dentro de la compañía creció porque ella decidió liderar. Los premios no son para aquellos que simplemente cargan su peso sino para quienes además de todo deciden liderar de una manera más productiva que la que requiere su posición laboral.

Marcar la diferencia cuando nadie está mirando

Hay otro punto importante acerca de marcar la diferencia. Significa tomar responsabilidad de la situación incluso cuando no hay presión externa para tomarla y sabes que nadie te está mirando. Piensa en todas las tragedias que han resultado a causa de gente que pensó que no importaba que se responsabilizara porque nadie la veía.

Don Schroeder es el antiguo Gerente Ejecutivo de Tim Hortons, una exitosa cadena de restaurantes ubicada en Canadá. En mi conversación con él, me dijo: "Parte de lograr cambios es haciéndolos cuando nadie te ha pedido que los hagas y de todas maneras tú decides hacerlos". Tim Hortons es una marca reconocida de cafeterías en

Canadá y está creciendo en Estados Unidos. La compañía ha estado en el negocio durante casi cincuenta años y siempre ha sido conocida por su trabajo auspiciando campamentos para niños poco privilegiados. Además les compra mucho café a los granjeros de Centro y Sur América.

Hace algunos años ciertas compañías decidieron unirse y ayudarles a los granjeros sin recursos. No fueron presionadas para hacerlo ni se han visto implicadas en escándalos por ese motivo. Schroeder dijo: "Decidimos que había que hacer algo para ayudarles a aquellos granjeros y levantar a la vez el nivel de responsabilidad social. Nos reconocían el hecho de estar ayudando a los niños en los campamentos pero también queríamos ayudar a los caficultores no tan establecidos en el negocio. Sabíamos que ya que teníamos una compañía de café debíamos hacer algo por ellos ya que no estaban recibiendo propuestas de negocios lo suficientemente justas, como debían ser. Hoy tenemos un programa muy exitoso que les ayuda a hacer crecer su negocio. No solamente era cuestión de girarles un cheque sino que decidimos ayudarles a convertirse en mejores negociantes, ya fuera que ellos nos vendieran a nosotros su café o se lo vendieran a alguien más. Hasta el momento hemos logrado ayudarles a unos 12.000 caficultores. El mayor impacto para mí fue cuando el representante de ellos me dijo: 'Nos estamos convirtiendo en mejores hombres de negocios gracias a lo que ustedes nos han enseñado'".

Marcar la diferencia consiste en fijar una posición de liderazgo aun si alguien no te lo está pidiendo. Eso fue lo que David y Travis hicieron en septiembre del 2007 cuando actuaron en contra del matoneo. A esa misma causa también se debió que esos pocos empleados de Starbucks defendieran las bebidas frías. Fue lo que hizo la agente de Canadian Tire cuando se desprendió de su cargo para ayudarle a una clienta que estaba infringiendo en los pagos de su tarjeta de crédito, y lo que en últimas también hizo Tim Hortons cuando su prestigiosa empresa decidió ayudar a los caficultores.

Tú estás liderando ahora mismo, cualquiera que sea tu posición. ¡Por qué no liderar más allá de ella!

Formas de marcar la diferencia

⇨ Establece tu intención. Escribe cómo quieres cambiar día a día el mundo o tu lugar de trabajo (o tu familia). Escríbelo en una tarjeta y llévala contigo. Tu intención puede ser brindar bondad, respeto, optimismo o dinamismo. Lo que sea que hayas decidido aportar, busca la forma de influenciar en congruencia con tu intención diariamente.

⇨ Aporta más allá de las funciones que exige tu cargo o posición. Busca nuevas ideas para la invención de productos y renovación de otros, incluso si las funciones de tu cargo no lo estipulan. Gana clientes de por vida incluso si ese no es tu departamento, y en general, ve más allá de lo que tu posición te dice que DEBES hacer.

⇨ No dejes que la falta de un cargo o posición te impidan ejercer influencia. David y Travis no tenían una posición destacada pero ellos supieron liderar. ¿Cómo podrías liderar ahora mismo incluso sin una sobresaliente posición?

Marca la diferencia confrontando

El mundo está ansioso de escuchar tu voz.

A veces el simple hecho de hablar es una forma de marcar la diferencia, y en la mayoría de los casos, con grandes resultados. Es decir, el hecho de proponer una idea extravagante o retar el *statu quo* con tus ideas es una manera poderosa de marcar la diferencia. Josh Blair, el Vicepresidente Ejecutivo de Recursos Humanos de TELUS, lo expresó así: "Marcar la diferencia es tener el valor de ir a un lugar sin ser invitado". Ese lugar puede ser retar a tu empresa, retroalimentar a un colega o amigo, o incluso romper el silencio y hablar a favor de tus creencias.

La idea de hacer cambios y confrontar una anomalía sin ser invitado a hacerlo nos produce temor. En el aspecto personal tememos dañar las relaciones con amigos, colegas o miembros de la familia, si decimos la verdad que nadie está esperando. Pero este hecho produce incluso mayor temor si se trata de nuestro lugar de trabajo, donde todos sabemos que adular hace parte del camino a seguir para alcanzar el éxito, ¿no?

No pretendo que confrontar no conlleve un riesgo. Los soplones con frecuencia se callan, los amigos y colegas no siempre quieren escuchar una retroalimentación (inclusive si la necesitan) y en algunos sitios de trabajo delatar no es algo que se agradece ni se quiere. Sin embargo es notorio que esos que dicen la verdad con frecuencia tienen una profunda influencia, tanto en los demás como en las organizaciones a las que pertenecen, mientras que el no hacerlo llega a tener efectos devastadores en una sociedad, una empresa o la vida de alguien.

El mito de adular

Comencemos por explorar el mito popular de que en el mundo laboral aquellos que adulan y mantienen silencio son quienes ascienden de posición. Cuando estuve entrevistando gerentes ejecutivos para juntar información y escribir este libro, les hacía esta pregunta: ¿Cómo se siente usted respecto a la gente que da el paso al frente y reta el estado de las cosas? Uno a uno me dijeron lo valiosas que resultan estas personas, cuánto contribuyen para mejorar una organización y qué tanto admiran esta clase de personal. Obviamente muchos jefes no quieren estar rodeados de gente que no proponga ninguna clase de retos, pero mi experiencia ha sido que dicha actitud no es la norma.

Una clave para desmitificar esta aparente verdad se observa en el trabajo de los doctores Dominic Infante y William Gorden, dos profesores retirados de los estudios del Programa de Comunicación de Kent State University en Ohio. Tengo una deuda personal de gratitud con el Dr. Infante porque él fue el director de mi disertación doctoral y siempre será una de las personas que más aprecio. Eso se debe a que durante la sustentación oral de mis exámenes en alguna ocasión él me preguntó: "¿Te gustaría que te diera una pista?", al ver que yo no tenía ni la menor idea de cómo contestar a una pregunta crucial. Uno de sus colegas, entrometido lo miró con desdeño y le dijo: "¿Una pista?". El Dr. Infante le sonrió con sencillez y le contestó: "Sí, una pista" y procedió a dármela. El Dr. Infante pasó gran parte de su carrera estudiando dos formas de comunicación que son *la argumentación* y la *agresividad verbal*.

Dicho de manera sencilla, la gente que es altamente argumentativa disfruta de un buen debate, tiende a expresar sus ideas con total
libertad y lanza retos. La agresividad verbal tiene que ver más con
la actitud de acusar y culpar. La gente con tendencia al lenguaje que
acusa: "Tú, tú, tú" con frecuencia humilla a los demás con su forma
de comunicarse. Años de investigación del Dr. Infante le mostraron
que los líderes a menudo califican más alto a sus empleados cuando
son ágiles en presentar sus argumentos. Irónicamente, aquellos que
se atrevieron a confrontar fueron mejor calificados, nunca peor.

Por otra parte, aquellos que suelen usar la agresión verbal son
quienes logran calificaciones más bajas de parte de sus jefes. Quizás,
de manera sorprendente, el estudio muestra que la gente con capacidad argumentativa tiene mejores matrimonios y que ser verbalmente
agresivo no ayuda en la vida amorosa. De hecho, el Dr. Infante hizo
toda una serie de investigaciones y escribió artículos periodísticos
acerca de la capacidad argumentativa, muchos de los cuales se encuentran en internet. Mi disertación exploraba temas similares y
descubrí que quienes confrontan, no sólo son calificados altamente
a nivel laboral, sino que el personal es más comprometido en lugares
de trabajo en donde hablar con libertad es apreciado en gran manera. Los empleados tienden a argumentar menos cuando son poco
calificados por sus supervisores, así que deciden no argumentar,
manteniendo en mente que no en todos los sitios de trabajo ni todos
los jefes aprecian la práctica de la confrontación. Así que debes estar
alerta, o mejor aún, encuentra otro jefe si el tuyo prefiere el silencio.

La moraleja es sencilla. La gente que da el paso al frente y decide
retar la situación es de hecho más valorada y avanza en su carrera,
pero solamente si NO lo hace para señalar y culpar. Si tú crees que
todas tus quejas durante todos estos años han sido la mejor manera
de marcar la diferencia, discrepo totalmente. Quejarse por lo general
se caracteriza por el uso de muchos "*tú*" y "*ustedes*", y es una forma de
cómo *no* marcar la diferencia. Así como la gente verbalmente agresi-
va, los que se quejan tampoco son respetados ni promovidos.

Confrontar positivamente significa retar el estado de las cosas enfocándonos en lo que todos debemos hacer para que las cosas funcionen mejor. Comprueba si estás confrontando o quejándote: si en tu conversación incluyes constantemente las palabras tú y ellos, seguramente te estás quejando. Si utilizas muchos yo y nosotros, estás confrontando de manera adecuada y positiva.

¿Por qué confrontar es importante?

Marcar la diferencia confrontando tiene efectos reales y positivos tanto para tu trabajo como para tu carrera. A uno de mis clientes, amigos y colegas se acercaba con frecuencia una mujer que trabajaba en beneficio de solucionar un problema con respecto a los servicios de su empresa. Hablando con otros colegas, ella se dio cuenta que era frecuente que sus colegas gerentes y empleados se sintieran sin el valor para resolver las quejas de los clientes que iban a ellos directamente. Aunque no era su área de responsabilidad ella decidió confrontar a la empresa durante una de sus reuniones proponiendo que la compañía necesitaba un método para que todos sus empleados estuvieran en capacidad de resolver las situaciones que los clientes les presentaran a cada uno directamente, una respuesta mejor que decir: "Por favor comuníquese con el área de servicio al cliente". Ella planteó que esa inhabilidad para brindar soluciones es mala para la reputación de la empresa y deja a los empleados sintiéndose sin argumentos. Era un poquito riesgoso confrontar y poner en evidencia un tema tan impopular como ese. Pero a pesar de todo su confrontación animó a dos de sus colegas líderes a hacer lo mismo. Los dos propusieron hacer un esfuerzo para crear una solución al problema de tal manera que las dificultades de los clientes presentadas a la compañía a través de un empleado o gerente se resolvieran en un término máximo de 48 horas. El sistema se implementó y se convirtió en un gran éxito pero nada de esto habría pasado si esta mujer no hubiera manifestado su opinión en esa reunión empresarial acerca de un problema fuera de su área de responsabilidad. Ella no dijo "*tú* necesitas arreglar esto", sino "*nosotros* necesitamos arreglar la situación".

Romper el silencio es una manera importante de marcar la diferencia, disponiéndote a decir lo que todos están pensando pero nadie está dispuesto a expresar. No es accidental el hecho de que en las monarquías de siglos pasados ser bufón real fuera una posición muy poderosa porqué este con frecuencia podía decir lo que todos los demás pensaban pero nadie se atrevía a manifestar (de ahí el dicho de que "hay mucha verdad en las burlas").

Ser el encargado de romper el silencio es estresante pero crucial. En la empresa de uno de mis clientes se dio lugar a una reunión de líderes de mando medio. En el año inmediatamente anterior, dado que la empresa estaba luchando contra la recesión, los líderes de rango alto se habían vuelto más y más escépticos de gastar un solo centavo, incurriendo a menudo en un estilo de supervisión exageradamente minimizado en todas las áreas de la organización.

El comentario generalizado era que los gerentes en los mandos medios no sentían que la empresa confiara en ellos. Muchos decían que los altos mandos necesitaban decirles lo que ellos debían hacer y confiar en su criterio para llevarlo a cabo, en lugar de amarrarles las manos. Durante su reunión todos le daban vueltas a la situación hasta que uno pidió la palabra.

"Miren", dijo, "nadie parece estar dispuesto a decirlo, pero el problema real es que ustedes están actuando con temor". Había un silencio total. Él acababa de decir lo que probablemente todos pensaban, ¡pero sólo él dijo! Para ser justo, él empleo el lenguaje del *"ustedes"* pero lo hizo de una manera constructiva. Luego continuó: "Necesitamos que confíen en nosotros y que nos den responsabilidades, posterior a eso necesitamos marcar la diferencia y probar que somos merecedores de confianza".

Su enunciado dio pie a un diálogo recíproco en el momento, aunque en medio de una atmósfera de nerviosismo y un enfoque a la defensiva. Así como cuando Jerry McGuire (el personaje de la película con el mismo nombre) les envió su punto de vista con respecto a su misión a sus colegas, la gente se alegró pero algunos se preguntaban todavía si él pagaría el precio por decir la verdad. Lo que ocurrió en la empresa de mi cliente es muy instructivo. Uno de los gerentes de altos mandos que recibió el calificativo de controlador me dijo que se había quedado pensando hasta tarde esa noche acerca de lo que escuchó en la reunión. Durante la crisis financiera la junta directiva le había permitido a los altos mandos manejar la situación pero ellos no les permitieron a los mandos medios hacer lo mismo. Entonces se dio cuenta que el gerente que expresó su opinión tenía razón, sí estaban actuando con exagerado control y su punto de vista sirvió para finalmente obtener más autonomía con respecto al desempeño del grupo. El gerente de rango alto compartió esa historia una y otra vez durante el año siguiente y ese evento se convirtió en un catalizador con consecuencias positivas para hacer cambios en toda la organización.

Marcar la diferencia confrontando suele significar defender a alguien en la escuela cuando otros se burlan de esa persona, o cuestionar el trabajo después del horario de oficina que afecta la vida personal y familiar, o tener que ser quien dice: "Paremos las habladurías en lugar de expandirlas", y con frecuencia también puede significar la disposición a ser rechazado en el momento debido a que lo que se requiere es confrontar alguna situación.

Si no tienes algo agradable que decir...

Mi madre es oriunda de Nueva York, aunque su descendencia es canadiense. Su familia la educó para ser muy amable y hablar sólo cuando tuviera algo agradable que decir. Pero si quieres dar el paso para lograr cambios, hay ocasiones en que debes confrontar, incluso si eso te hace no ser muy popular.

Hace algunos años mi madre estaba almorzando con un grupo de colegas, incluyendo a alguien que acababa de mudarse a la casa de sus padres después de vivir con su novio durante dos años. La joven se quejaba de lo controlador que era su padre y de cómo, luego de vivir por su cuenta, ella se molestaba de las restricciones que tenía en su casa paterna. La situación se puso tan pesada que sus padres terminaron por no hablarse debido a que estaban en desacuerdo en cuanto a la forma de manejar el conflicto con su hija.

El resto de las compañeras de trabajo se dedicó a escucharla y estar de acuerdo con ella, a pesar de que en su ausencia comentaban que después de todo ella se encontraba en casa de sus padres. Mi madre escuchaba el trascurso de la conversación pero finalmente se cansó de la situación y decidió confrontarla. Le dijo a su compañera: "Mira, tengo que decirte que tu actitud es desconsiderada. Primero te vas de la casa de tus padres y luego decides volver. Has estado viviendo de ellos ¿y ahora no quieres que te digan nada? Por el amor de Dios, ¡ahora tus padres ni se hablan! ¿Crees que eso está bien? Creo que sería bueno que te mires a ti misma". Luego mi madre se paró de la mesa.

Una semana después la joven colega vino a buscarla. "Irene, tengo que decirte que me molestó cuando me dijiste esas cosas durante el almuerzo la semana pasada, pero ese día me quedé pensando en lo que me dijiste y fui a hablar con mi padre para disculparme y arreglar el problema, Mis padres están bien otra vez. Gracias por lo que me dijiste".

Confrontar también puede incluir retar a tus compañeros a mejorar. Años atrás estaba hospedado en el Ritz-Carlton a las afueras de Atlanta, Georgia. La cadena hotelera es conocida por su excelente servicio al cliente y yo estaba en la recepción siendo atendido por una de las recepcionistas. Cuando ella me estaba atendiendo alguien más vino a la recepción y dos de las recepcionistas se hallaban conversando sobre un partido de fútbol que vieron la noche anterior y siguieron en los comentarios a pesar de que el cliente estaba esperando atención. La mujer que me atendía les dijo discretamente a sus compañeras: "Hay un cliente esperando". De inmediato ellas dejaron su conversación y atendieron al cliente. Fue algo sutil pero inmensamente profundo.

La recepcionista marcó la diferencia rompiendo el código de silencio que existe con frecuencia entre las personas. Es algo así como: "Yo no te reto si tú no me retas". Al romper ese código implícito ella dio el paso y cambió el estado de las cosas. No estoy seguro de cómo reaccionaron sus compañeras; conociendo el Ritz, seguramente le agradecieron, pero lo cierto es que ella las confrontó tomando responsabilidad, no solamente de su huésped de turno, sino también de los demás huéspedes.

No tengo cómo garantizarte que cada vez que confrontes a alguien en tu trabajo el problema se resuelva y tú te conviertas en el héroe. Ni siquiera puedo garantizarte que al confrontar, tu carrera será mejor, pero lo que sí puedo es garantizarte que cuando la gente marca la diferencia confrontando las situaciones y las personas, los problemas suelen resolverse.

Puedo decirte que los años de investigación del Dr. Infante y otros, demuestran que decidir hacer cambios por medio de la confrontación es una manera adecuada de mejorar tu perfil, siempre y cuando no vivas solamente quejándote. Lo que es más, cuando no confrontamos, las consecuencias llegan a ser catastróficas. Si quieres conocerlas mira la premiación de *Inside Job* referente al colapso financiero del periodo entre 2008-2009, cuando la venta de derivativas complejas y la pérdida de los estándares hipotecarios casi nos llevan a la Gran Depresión (y todavía está afrontando consecuencias de largo alcance). Es obvio que mucha gente sabía que estas prácticas eran peligrosas, irresponsables y a veces poco éticas. Pero muy pocos confrontaron y retaron abiertamente ese paradigma. Para algunos el hecho de no haber confrontado la situación los llevó a la destrucción de las mismas compañías para las que trabajaban y a las cuales debieron defender.

Existe una razón que es muy personal y por la cual vale la pena confrontar. Muchos hemos tenido un momento en la vida en que un amigo o familiar nos confrontó de tal manera que los resultados fueron muy positivos y marcaron una gran diferencia. Esto me ocurrió recientemente cuando estaba trabajando en un libro anterior, el cual surgió a partir de una crisis personal. Luego de incumplir dos fechas de entrega un buen amigo al fin se animó a decirme: "Sé que has invertido una gran parte de tu tiempo en este proyecto pero la verdad es que tú no quieres escribir este libro. Es el momento de superar la situación. En este caso, admitir que cometiste un error abrirá el espacio para que escribas el libro que en verdad quieres escribir".

Al siguiente día llamé al editor para desistir de ese libro. Fue una de las decisiones más difíciles que he tomado. Tres meses más tarde me fui a Uganda durante un mes y surgió la idea de esto que ahora estás leyendo. Si no hubiera sido por la valentía de un amigo, todavía estaría dando tumbos escribiendo un libro que en realidad no quería escribir.

Confronta —Tu vida está en juego

En últimas, también confrontamos porque, como dijo un hombre a quien entrevisté, "tu vida está en juego". Es cierto que cada vez que no confrontamos una parte de nuestro ser muere. Todos hemos pasado por la experiencia de permanecer en silencio y arrepentirnos de ello.

Cuando era un ministro más joven, mi segunda asignación fue en una iglesia de gente de raza blanca en el noreste de Ohio. Ellos eran gente buena pero también existía un racismo fuerte entre algunos miembros. Antes de la reunión mensual de ancianos ciertos miembros hacían con frecuencia chistes acerca de la gente de raza negra con frases ofensivas como "esclavos". Tengo que admitir que como ministro joven que creció en una familia con amigos de todas las razas, y donde la gente era juzgada por su carácter, estos chistes me parecían ofensivos. Y el hecho de que se hicieran en las reuniones de los ancianos de la iglesia, quienes se profesaban como seguidores de Cristo, eran una total (y molesta) ironía.

Durante meses soporté en silencio, incluso me reía nerviosamente tratando de encajar en la situación, pero un día por fin decidí hablar. Sabía que mi vida estaba en juego —no mi vida física, por supuesto, pero sí mi vida sicológica, mi visión de mí mismo como persona. En medio de uno de los chistes decidí decir: "Tú sabes que esta es la casa de Dios, no solamente la casa del Dios de los blancos". Los chistes cesaron, ofendí a algunas personas, algunos ancianos me llevaron a un rincón después y me dijeron: "Gracias".

Pero por encima de todo me sentí bien conmigo mismo. A lo mejor no cambié la manera de pensar de nadie, pero ese no es el único hecho por el cual confrontar una situación. Hay riesgos, como suele suceder cuando se hace lo correcto. Pero la verdad sea dicha, a lo mejor llegamos más lejos al hablar que quedándonos callados, y aún si no, dormiremos tranquilos.

Formas de marcar la diferencia

⇨ *Actúa constructivamente.* Comenzando hoy, comprométete a dejar de quejarte y comienza a ser constructivo. Quejarse es acusar a los demás, no una forma correcta de confrontar. Procura que tu misión sea aportar ideas sobre cómo mejorar las circunstancias, que seas tú quien dice lo que los demás están pensando, sólo que de la manera adecuada.

⇨ *Confronta a tus colegas.* Inclusive mejor, comienza por confrontar a tus amigos y familiares. Recuerda lo que la recepcionista del Carlton hizo: es tu función confrontar y ayudarles a otros a ser mejores, pero hazlo de una manera respetuosa.

⇨ *Rompe el silencio.* Enron, el desastre financiero del 2008, y muchas otras situaciones negativas se habrían evitado si la gente se hubiera dispuesto a confrontar antes que la situación empeorara. El mundo necesita gente valiente que rete el *statu quo.* Hacerlo posiblemente implica romper el silencio con respecto a una situación poco ética de algún negocio o retar los comentarios racistas. No te equivoques, confrontar es una manera poderosa de marcar la diferencia.

CAPÍTULO 10

¿Quién soy yo para marcar la diferencia?

"No existe gente fuera de lo común ni más allá de lo extraordinario, sólo hay gente común y corriente que hace cosas extraordinarias".
Madre Teresa

Cuando algunos piensan en marcar la diferencia y lograr un cambio con frecuencia dicen: "¿Quién soy yo para marcar la diferencia?". Es obvio que yo contestaría: "¿Quién eres tú para *no* marcarla? Entrevistando personas que se pararon en la brecha he sido movido con frecuencia por el hecho de que producir cambios no es acerca de ser alguien fuera de lo común. De hecho, he encontrado que aquellos que deciden actuar no parecían ser las personas adecuadas para hacerlo.

Ken Lyotier es un caso de esos. Según él mismo lo admitió, cuando decidió comenzar una revolución en pro de reciclar, —y a raíz de ese hecho, con el tiempo se fueron creando trabajos para personas sin hogar—, él era un alcohólico que nadaba entre los contenedores de basura de Vancouver para poder reciclar y ganarse el sustento diario juntando botellas. Fue allí donde decidió comenzar a marcar la diferencia y convertirse en una leyenda urbana.

Ken se crió justo a las afueras de Vancouver y tuvo una vida bastante normal en medio de una familia de clase trabajadora durante los años de 1950 y 1960. Cuando tenía 17 años fue a estudiar a University of British Columbia y en esa misma época comenzó a enfermarse. Para el momento en que fue diagnosticado con el síndrome de Crohn, una enfermedad del intestino, su salud se había deteriorado, junto con su vida social y sus estudios. "No lograban descubrir lo que tenía y tomó bastante tiempo descubrirlo", me dijo. "Estuve enfermo durante una década, con diarrea todo el tiempo. Fue algo que me aisló mucho. Sencillamente no pude permanecer en la universidad y al final la abandoné. Vendí finca raíz durante alguna época y básicamente tuve una buena vida, pero también descubrí el alcohol y las drogas. Es una larga historia, lo cierto es que terminé viviendo en las calles y entre los basureros. Perdí mi trabajo y el dinero se me fue acabando. Estuve sin un techo durante algún tiempo."

No se trataba exactamente de alguien en la lista de los que marcan la diferencia. La descripción de su vida como indigente es a la vez fascinante y conmovedora. Me contó situaciones del diario vivir, circunstancias que la gente sin hogar tiene que enfrentar y son muy difíciles. Además aprendí que las circunstancias tan complejas por medio de las cuales cada persona llega a ese punto son únicas y muy humanas.

Aun así su vida en medio de los basureros le dio la ventaja única sobre dos hechos: primero, la cantidad de desperdicios que producimos; segundo, la indignidad que la gente indigente enfrenta a diario. Ken me contó lo siguiente: "En aquel momento habían muy pocos productos que hacían parte del sistema de reciclaje —Pepsi, Coca Cola y algunas compañías de cerveza. Así que para ganarse la vida uno tenía que trabajar realmente duro para sobrevivir. Era peor la situación de indignidad. Los almacenes tenían un límite en cuanto al número de botellas que podías traer cada vez y no les gustaba tener a esa clase de gente sucia, maloliente, de la calle, en sus locales. Los indigentes éramos tratados muy mal y con frecuencia nos manipulaban. Por ejemplo, los dueños de los negocios nos hacían comprar cosas del almacén como forma de pagarnos. Mucha de la gente que lleva una vida normal no tiene ni la menor idea de lo duro que trabajan los indigentes para conseguir unos pocos dólares".

In 1991, cuando todavía trabajaba entre los contenedores de basura, Ken y otro hombre en sus mismas condiciones, Williams Tremblay, tuvieron la oportunidad de hablar en una cafetería con un ministro de la iglesia United Church of Canada sobre los problemas y retos diarios que enfrentan las personas sin hogar y viven del reciclaje. El ministro, que contaba con una pequeña cantidad de dinero, le preguntó a Ken si tenía alguna idea para mejorar la situación. Aunque el ministro no fue un eje central en el desarrollo de la historia, su voluntad para ayudar con $1.500 dólares a un par de personas de la calle fue un acto de gran fe.

Ken tuvo una buena idea. "Como recolectores de basura teníamos muy buen conocimiento de lo que la gente bota y yo vivía sorprendido con todo lo que se encontraba en la basura —toneladas de botellas y latas que no son reciclables. Así que se nos ocurrió la idea de organizar un evento en el que la gente sería invitada a traer botellas no reciclables a cierto lugar un domingo en la mañana y se les pagaría por ellas". Ken confiaba en que esto crearía consciencia tanto en las dificultades que afrontan los recicladores como en la enorme cantidad de desperdicio que la gente está produciendo.

Se le hizo propaganda al evento pegando volantes en los contenedores de basura, ofreciendo $0,10 centavos de dólar por las botellas pequeñas y $0,25 por las grandes. Ken no tenía idea de cuánta gente asistiría. Cuando llegó el día había en Victory Square, en Vancouver, una fila tan larga de gente, que le daba varias vueltas a la cuadra. Cientos de personas indigentes asistieron y al final del día había una enorme montaña de basura. Claro que la mayoría de la gente de la calle vino con la idea de ganarse $10 dólares, pero Ken estaba abrumado.

"La gente hacía la fila y yo pensaba: "¡Lo logramos! Fue tan energizante y profundo como cuando ocurrió la multiplicación de los panes y los peces en la Biblia, muchos llegaban. Eso nos inspiró a querer hacer más. Pensé: 'Bueno, si podemos lograr esto, entonces me pegunto ¿qué más podremos lograr?'". La montaña de basura y la marcha de gente llamaron la atención de los medios de comunicación. El hecho de que dos recicladores hubieran organizado ese evento de tal magnitud cautivó la atención del público y el gobierno. Como resultado, el gobierno provincial prometió incluir más productos en su lista de reciclables. Aunque tomó años cumplir esa promesa, Ken y Williams contribuyeron en la revolución del reciclaje. Estos dos recicladores ayudaron a poner en movimiento una cadena de eventos que conllevó a aumentar la lista de los productos reciclables durante los siguientes 20 años. La montaña de basura que ellos ayudaron a evitar es casi inconmensurable.

Ken me dijo: "Ese día fue una especie de propuesta contra lo que se estaba desperdiciando y contra la indignidad que enfrentaban las personas sin hogar, pero la mayoría de las protestas incluyen gente marchando con consignas y carteles en contra de algo. En cambio nosotros hicimos algo muy bueno y sólo dijimos: 'Vengan y vean cómo podrían ser mejor las cosas'".

Si la situación hubiera terminado allí, habría sido inspiradora, pero la historia de Ken sobre marcar la diferencia fue mucho más allá.

Si el temor es algo que nos incentiva, entonces comprobar qué tanto poder tenemos es un mayor estimulante. Cuando Ken vio lo que podría pasar al pegar esos volantes en los contenedores de la basura, eso le hizo querer marcar la diferencia. Ese efecto primario es la razón por la cual es importante que primero tomemos acción: una vez que comprobamos qué tanto poder tenemos es más difícil quedarnos al margen de las circunstancias. Como dice la letra de Coldplay: "Si nunca lo intentas, nunca sabrás cuánto vales".

Animado por la experiencia de Victory Square Ken se convirtió en el abogado de sus compañeros recicladores, Cuando el gobierno comenzó a contratar consultores para colaborar en la implementación del nuevo sistema de reciclamiento, Ken estuvo presente en una serie de sesiones gubernamentales para proponer ideas que ayudaran a esa población. Le dijo al gobierno que los desamparados eran consultores tanto como los consejeros mejor pagos que el gobierno contrata y lo convenció de pagar $10 dólares a cada persona que atendiera a la reunión.

En parte como resultado de esas reuniones, Ken desarrolló una propuesta más completa: "Vino mucha gente a esas reuniones pero yo recuerdo una mujer que tenía toda clase de problemas y adicciones hablando sobre cómo la trataban en los almacenes, cómo la obligaban a comprar gomas o no le daban el dinero que ganaba con su trabajo de reciclar. Ella dijo: 'No tengo dignidad'". Entonces se me ocurrió esta idea de crear un depósito de botellas para nosotros, en donde la gente sin hogar viniera y fuera tratada con respeto".

Más que eso, Ken visionó la idea de tener un lugar donde todos los empleados fueran recicladores. Cuando empezó a hablarle a la gente de esta idea, todos pensaban que estaba loco. "La idea duró en mi mente por varios años", me contó. "Honestamente, yo todavía seguía ganándome la vida reciclando botellas así que tenía que trabajar en el proyecto durante mi tiempo libre". Pero Ken insistió hasta que finalmente se le abrió una oportunidad cuando la ciudad estaba abriendo un nuevo coliseo de deportes e hizo el compromiso de emplear gente de escasos recursos. Ken le dijo al gobierno que su depósito de botellas podía servirle de lugar de experimento para entrenar gente necesitada a que se convirtiera en una fuerza de trabajo. Sus años de ardua labor y persistencia finalmente dieron resultados y el depósito de botellas había nacido.

"Fue difícil. Nos convertimos en una entidad sin ánimo de lucro y hasta tuvimos una junta directiva, pero yo todavía tenía que seguirme ganando la vida. La idea de los indigentes trabajando en el coliseo nunca se dio pero el depósito sí abrió. En alguna ocasión necesité abrir una línea de crédito y nunca supe que era uno en ese tiempo. ¡Imagínese la cara del gerente cuando llegué a pedir el crédito".

Hoy United We Can continúa conduciendo el depósito de botellas y una finca en medio de la ciudad llamada Solefood, en Vancouver, justo al lado de una de las comunidades más pobres del mundo desarrollado. United We Can eventualmente llegó a reciclar millones de productos al año, devolvía una ganancia, empleaba cantidades de gente sin hogar, y contribuía a la revolución del reciclaje. Ken está retirado y pertenece a la junta de la organización, y con excepción del director y el administrador, el personal está compuesto únicamente por recicladores, algunas personas sin un techo que han ido encontrando un lugar digno con su trabajo. Algunos renunciaron a sus adicciones, otros no, pero todos hallaron algo en el depósito. Día a día cientos de ellos traen sus botellas y latas a ese lugar y reciben un trato respetuoso. Ken se convirtió en empresario y activista. Ha creado consciencia en la reunión de Victory Square y perseveró hasta que creó una empresa próspera.

Cuando le pedí que me contara algunas historias acerca de la diferencia que ha marcado el depósito en la vida de la gente, me contó sobre la primera Navidad después que el depósito inició el negocio.

"Llevábamos como un año abiertos e hicimos una fiesta para el personal y todos los que quisieran asistir", me dijo. "La gente vino y nos sentamos a tomar y charlar. Ellos no tenían dónde pasar la Navidad. Vinieron pero eso no era un bar, ni la calle ni el cuarto de un hotel. Hubo este sentido de comunidad. Recuerdo la risa, la gente conversando unos con otros acerca de sus recuerdos de sus navidades pasadas. Necesitaban ese momento. Me dio mucho bienestar y esperanza ver a aquellas personas tan llenas de vida y comprometidas. Cada uno se reafirmó en su esperanza y entendió que no importa qué tan miserables puedan parecer sus vidas, aun así es posible encontrar un lugar para conectarse". Y luego me contó las historias de aquellos individuos cuyas vidas cambiaron.

"Había un hombre que fue adoptado varias veces cuando pequeño", decía Ken. "Había ido de una lugar a otro hasta que finalmente llegó a trabajar con nosotros al depósito. Se le dieron algunas responsabilidades de supervisor pero hubo una pelea callejera y fue golpeado brutalmente. Me dijo, "Eso es todo, me voy". Él solamente quería continuar con su vida de la manera en que probablemente lo había hecho siempre. Yo le dije: "Tienes un periodo de vacaciones, tómalo".

Le hice sentir que era valorado y que había un lugar para él entre nosotros. "No te vamos a olvidar, incluso si te vas". Más adelante me dijo: "No quiero continuar mi marcha. Estoy cansado de ella". Ese sujeto marcó la diferencia más y más y eventualmente se convirtió en alguien muy valioso sobre el cual fue depositada una gran responsabilidad. Con el tiempo consiguió su apartamento y se organizó".

Para cada victoria ha habido derrotas, pero Ken no tiene la menor duda de que el depósito ha cambiado vidas.

Las habilidades no son tan importantes como la pasión

La historia de Ken nos recuerda que un cargo empresarial, e incluso una habilidad, no son los principales atributos de aquellos que producen cambios. Marcar la pauta no requiere que seamos extraordinarios o tengamos recursos extraordinarios. Se trata más bien de tener el corazón, el coraje, la perseverancia y el deseo para hacer que algo nuevo ocurra. Se trata de tener una visión. Una vez hayas dado ese paso al frente, de alguna manera esa acción o iniciativa te llevan a hallar los recursos que necesitas dentro y fuera de ti. Si Ken se hubiera preocupado de si él era la persona adecuada o de si conseguiría los recursos, nunca habría alcanzado todo lo que alcanzó. Pero él tuvo la visión y los recursos se fueron materializando por el camino.

Quizá la gente le respondió a Ken por motivos más importantes que su hoja de vida o inteligencia. Estudio tras estudio muestra que la gran cualidad que todos los excelentes maestros poseen es la pasión. Todos nos sentimos atraídos por la pasión y la visión. Piensa en las historias de aquellos que he mencionado en este libro porque han marcado alguna diferencia. Todos los que lograron que algo nuevo ocurriera han mostrado dos cualidades en común: pasión y determinación. Esas cualidades son contagiosas y logran hacer que quienes nos rodean quieran ayudarnos.

Debe ser que casi toda persona que ha marcado una diferencia duda que posea los recursos, talento y habilidades para hacerlo. A lo mejor tú dudas que seas el indicado para proponer cambios. Sin embargo lo que yo aprendí en esta investigación es que las habilidades, el talento y los recursos no son tan importantes como los son la determinación, el manejo de las cosas y la visión.

Ayudando mujeres a salir de la pobreza, una joya a la vez

Devin Hibbard es la Gerente Ejecutiva y cofundadora de una organización llamada BeadforLife. Durante los últimos siete años la organización ha ayudado a miles de mujeres en Uganda a escapar de los ciclos que causan extrema pobreza, consiguiendo que ellas inicien su negocio propio. BeadforLife se inició porque Devin Hibbard y sus socias cofundadoras de esa entidad, Torkin Wakefield y Ginny Jordan, tuvieron la oportunidad de conocerse en el año 2003, durante una visita a un campo de refugiados en Kampala, Uganda.

El campo estaba lleno de mujeres, muchas de las cuales eran VIH positivo o viudas del Sida que habían huido de la guerra civil en el noreste de Uganda. Una mujer llamada Mille les mostro a las tres la joyería que ella hacía a punta de pepas creadas de papel reciclado. Ella les dijo que trabajaba todo el día aplastando rocas en una cantera por $1 dólar diario. Las pepas eran hermosas pero ella decía que no contaba con una clientela para venderle su trabajo. Devin y las demás compraron una parte de la joyería de Mille sin darse cuenta que sus vidas y las de miles de mujeres estaban a punto de cambiar.

Cuando ellas regresaron a casa, les mostraron las pepas a amigos y les contaron la historia de las mujeres de Uganda. En septiembre de 2004 ellas invitaron a algunos amigos a una exhibición de collares y a los invitados les encantó la joyería. Una idea comenzó a gestarse en la mente de estas mujeres: a lo mejor ellas habían sido llamadas a crear el mercado para el trabajo de las mujeres de Uganda.

"Lo curioso es que la noche de Año Nuevo nos hicimos unos propósitos en común para ese año, y uno de esos propósitos era hacer algo para ayudar al mundo", me dijo Hibbard cuando nos sentamos en la humilde oficina en Kampala, la ciudad capital de Uganda. Hibbard es una mujer atrayente y enérgica que dirige un negocio y es alguien muy apreciado por su personal de Uganda. Cuando yo la conocí acababa de regresar de Estados Unidos de un viaje de un mes y sus oficinas estaban llenas de notas y dibujos que le expresaban cuánto la extrañaron. Su pasión por esa misión y por la vida es contagiosa.

"Francamente no contábamos con un gran plan ni credenciales verdaderas para hacer esto", me dijo. "No teníamos experiencia en el mercado ni en ventas al detalle, como tampoco sabíamos de estrategias, pero sentíamos como si el universo estuviera golpeando a nuestra puerta y supusimos que si el universo nos buscaba, ¡quiénes éramos nosotras para decir que no! Así que decidimos entrar en lo desconocido y fuimos paso a paso".

En el trascurso de unos años se hicieron exhibiciones de la joyería por todos los Estados Unidos. En Uganda, BeadforLife organizó grupos de mujeres que estuvieran en extrema pobreza y las entrenó para fabricar los materiales y la joyería. La organización ayudó a estabilizar la vida de aquellas mujeres mediante un ingreso seguro proveniente de las joyas, las entrenó para iniciar negocios más tradicionales y les hacía préstamos si ellas presentaban un plan de negocios sólido. Eventualmente, BeadforLife compró un terreno grande a las afueras de la ciudad y creó una comunidad llamada Friendship Village, en donde las mujeres y sus familias compraban modestas viviendas con el trabajo que hacían para BeadforLife.

Cuando estuve en Uganda durante un mes en agosto de 2010 visité los hogares y negocios de muchas mujeres que trabajaban para esa organización. Una y otra vez escuchaba las historias acerca de cómo con la fabricación de esa joyería les cambió la vida. Lo que aprendí es que BeadforLife no solamente estaba erradicando la pobreza física sino también la pobreza de espíritu. BeadforLife había ayudado a estas mujeres a creer en ellas mismas y en la posibilidad de volver a soñar.

Una joven, llamada Fiona, estará en sus veintes. Ella era una viuda del Sida a muy temprana edad, en la indigencia y con hijos. Otra mujer de la vecindad la apodó Old Young porque se veía muy vieja para ser tan joven. "Cuando iba al cementerio", decía ella, "envidiaba a los muertos". Luego nos contó a mis compañeros y a mí lo que le ocurrió cuando conoció a la gente de BeadforLife: "Me enseñaron cómo hacer las pepas y la joyería, pero más importante aún es que me enseñaron a creer en mí misma". Hoy Fiona vive con sus dos hijos en una casa de su propiedad en Kampala, y algunos almacenes en Seattle y Vancouver venden su joyería. Ella se independizó de BeadforLife para dejarle espacio a que otra mujer se enrolara en el programa.

Hoy Devin lidera una organización con un personal e internas de más de sesenta miembros en su mayoría de Uganda, en Kampala. Cada año varios cientos de mujeres y sus familias salen de la pobreza, todo porque unas mujeres con algunas pocas credenciales pero con mucho corazón decidieron marcar la diferencia. Devin me dio una excelente definición de lo que es marcar la diferencia: "¡Es ver una necesidad y decidir que tú eres la persona adecuada para hacer algo al respecto!".

"Tienes que salirte de tu zona de comodidad. Mejor dicho, teníamos muy poquita experiencia para hacer lo que hicimos, pero los recursos aparecieron una vez que decidimos dar el paso al frente", me dijo ella. Cuando le pedí consejo a Devin para aconsejar a otros, me dijo algo importante: "Para hacer cambios se necesita paciencia. Somos dados a obtener gratificación inmediata, pero si queremos cambiar el estado de las cosas necesitamos recordar que eso no ocurrirá de inmediato".

Esa es una lección importante. Pasaron años antes que la foto de Weyler diera paso a la extinción de la cacería de ballenas. Ken Lyotier se puso en la brecha y logró que el gobierno cumpliera con su promesa de reciclar más, pero pasaron años de persistencia para hacer cumplir esa promesa y comenzar el depósito de botellas. BeadforLife es una organización próspera que está haciendo una gran diferencia en Uganda y es parte de un movimiento más grande para ayudarle a la gente a empoderarse en medio de este mundo en desarrollo. BeadforLife tiene una misión inspiradora y sencilla: Beadforlife crea oportunidades de sostenibilidad para que las mujeres levanten a sus familias fuera de los extremos de la pobreza conectando gente a nivel mundial en un círculo que beneficie a todos los participantes. Para saber más acerca de este trabajo o para auspiciar a alguien, entra en www.beadforlife.org.

Las dos voces

Lo que aprendí es que muchos de quienes marcan la diferencia han pensado lo siguiente: ¿Quién soy yo para hacerlo? Devin Hibbard comenzó BeadforLife sin ninguna clase de mercado ni experiencia en ventas al detal pero tenía un enorme deseo de lograrlo. Joanne Beaton nunca antes había dirigido un centro de servicios pero quería crear un negocio floreciente. Rahul Singh era un paramédico, no un experto en conseguir fondos. Ken Lyotier era reciclador pero de todas maneras se lanzó a marcar la diferencia. La supervisora de Starbucks en Santa Mónica no era una gurú en mercadeo pero ella supo reconocer un buen producto tan pronto lo vio. Mike Feinberg y Dave Levin eran profesores recién egresados, no empresarios, pero comenzaron con la idea de un programa escolar alterno. David Shepherd y Travis Price eran simplemente unos estudiantes de doceavo grado cuando iniciaron la revolución de la camiseta rosada.

Así que la verdadera pregunta es: ¿quién eres tú para no marcar la diferencia?

Cualesquiera que sean las razones que tengas para argumentar que no eres la persona indicada, ten la seguridad de que alguien más también las tuvo y de todas maneras se lanzó y logró cambios que eran necesarios. Mike Feinberg, uno de los cofundadores de KIPP, puso este hecho en perspectiva; "Hay con frecuencia una voz interna que nos dice que no somos lo suficientemente aptos ni calificados para lograr cambios, pero hay otra voz que dice que sí podemos lograrlo. Muchas veces le damos más fuerza a esa voz interna negativa". Ken Lyotier conoce esa voz demasiado bien, pero él decidió escuchar la otra, sus padres murieron mientras él vivía en las calles. Unos años después de la muerte de su madre, un día él estaba reciclando en Stanley Park en Vancouver cuando se tropezó con una urna utilizada para guardar cenizas humanas. "Alguien seguramente las había arrojado al mar y luego botó la urna. A medida que la limpiaba casi escuchaba la voz de mi madre diciéndome, 'Ken, debe haber algo más que quieras hacer que ser un reciclador'".

Unas semanas más tarde conocí a Ken, él supo que recibiría un doctorado honorífico —una distinción dada a muy pocos— de University of British Columbia, la universidad que él abandonó debido a su enfermedad cuarenta años atrás. La vida cierra capítulos. Con llanto en sus ojos me dijo: "Desearía que mis padres estuvieran vivos para que vieran esto".

Formas de marcar la diferencia

⇨ Recuerda qué es lo importante. Cada vez que te sientas tentado a pensar que no tienes las credenciales, las habilidades o los talentos necesarios, recuerda que visión, determinación y perseverancia son las cualidades más importantes de aquellos que cambian el *statu quo*.

⇨ ¡Haz algo! Da el paso para el cual crees que no estás calificado al tratar de producir un cambio.

⇨ Incentiva a los demás. Anima siempre a aquellos que dicen que quieren marcar la diferencia, inclusive si piensas que ellos no están calificados para lograrlo. Tu palabra de ánimo tiene poder para lograr una gran diferencia. Recuerda al ministro de United Church que animó a esos dos hombres indigentes a dar el primer paso de cambio. ¡Imagínate si él no lo hubiera hecho!

CAPÍTULO 11

Creando la cultura
de marcar la diferencia

"Si tratas a la gente como adulta, la gente actuará de manera adulta".
Dennis Bakke, ex Gerente Ejecutivo de AES Corporation

Casi todos los líderes de las empresas quieren que su gente proponga cambios. Quieren que los miembros de sus equipos de trabajo actúen como si fueran los dueños, que tengan una actitud de "es mi trabajo" y que vayan más allá de su posición formal y lideren. Los padres también desean que sus hijos actúen de manera más responsable: los profesores quieren que sus estudiantes sobresalgan; los gobiernos, excepto aquellos que son autócratas, conocen el beneficio del compromiso ciudadano en la resolución de los grandes retos que ellos enfrentan. Tener una empresa, escuela o comunidad, llenas de gente que marca la diferencia es algo que le da un giro a cualquier situación. Veamos algunos ejemplos.

Tomemos a Harley Davidson. La compañía ha estado haciendo bicicletas desde 1912 pero a mediados de la década de 1980 estaba al borde de la bancarrota. Cuando Harley se encontraba casi quebrado un grupo de ex ejecutivos le hicieron una oferta y compraron la empresa. En tales crisis las empresas se vuelven más jerárquicas. Los líderes se hospedan en hoteles de alta categoría, consumen cocteles de camarones, toman decisiones y regresan dando órdenes a gritos. Pero en Harley los nuevos dueños tomaron un camino distinto. En lugar de ser autoritarios les pidieron a los miembros de su personal que dieran el paso y se convirtieran en líderes. Los comprometieron en la toma de decisiones, les pidieron que marcaran la diferencia y que hicieran su mejor parte para que la compañía alcanzara el éxito. La compañía dio un giro en ganancias y posicionamiento en el mercado en un término de cuatro años continuos de trabajo hasta convertirla en una de las más exitosas historias de los negocios norteamericanos.

WestJet es un gran suceso en Canadá y una de las aerolíneas más rápidas en crecimiento alrededor del mundo. Toda su cultura fue construida bajo la premisa "Porque los dueños están comprometidos". En una industria conocida por sus tóxicas relaciones con sus empleados y sus constantes golpes a las inversiones de sus socios, WestJet ha revolucionado estos dos aspectos. Ha creado un lugar en el que el personal a todo nivel marca la diferencia de manera constante y todos actúan como líderes en tanto que las ganancias crecen. Los pilotos de WestJet por lo general agarran sus maletas, conducen aviones impecables y hacen lo que sea necesario para que cada vuelo salga justo a tiempo. No es un accidente que la compañía haya pasado de tener 0% de mercado a ser hoy dueña del 33% solamente en Canadá, en el trascurso de una década. Lo mismo es cierto acerca de las escuelas. El éxito de KIPP en Estados Unidos deja muy poca duda de que las cosas cambian cuando le pides a la gente que adquiera responsabilidad. Le pregunté al cofundador de KIPP, Mike Feinberg, qué tanto del éxito del programa tuvo que ver con un mayor número de horas en clase y qué tanto con el desarrollo del carácter, es decir, enseñarles a los chicos, a los padres y a los maestros a marcar la diferencia. Él me respondió: "El 51% tiene que ver con el desarrollo del carácter, lo cual se supone que todo líder debe tener. Al decirles a los estudiantes que no existen atajos, los profesores de KIPP les muestran a ellos y a los padres que primero deben mirarse a sí mismos y a lo que ellos pueden hacer, en lugar de mirar a ver qué van a hacer los demás para que ellos lleguen a cumplir sus metas".

Los resultados, de tener una compañía o una escuela (o una familia) donde la gente actúa como propietaria, son evidentes, pero cómo crear un lugar así es otra historia. Me he pasado la vida ayudando empresas y escuelas a crear la cultura de la responsabilidad, razón por la cual quería preguntarles a los líderes que han logrado crearlas cómo ellos lo lograron.

La gente marcará la diferencia solamente si existe un lugar en la mesa para ellos

Don Knauss es el Gerente Ejecutivo de Clorox, uno de los productos de consumo más exitosos del mundo. Don es un ex oficial de la Marina de Estados Unidos y estuvo por un tiempo en el liderazgo de Coca-Cola, Proctor and Gamble y Frito-Lay, antes de unirse a Clorox. Cuando le pregunté el secreto para lograr que la gente marque la diferencia en su lugar de trabajo, me dio esta respuesta directa: "La gente no marcará la diferencia si no le das un lugar en la mesa".

En Frito-Lay, Don estuvo encargado de un grupo que vende y envía productos de paquete a una región en el sureste de Estados Unidos. Su región era la peor en el país en cuanto a las ventas por ruta y la cantidad de productos que se rompían (lo cual significa que no se pueden utilizar debido a que se dañan). Don me dijo: "El lugar estaba lleno de conductores viejos y ásperos que la gente de otras empresas había despedido años atrás. Supongo que la compañía pensó que si yo pude lidiar con marinos también podría lidiar con esos tipos".

Cuando él quedó a cargo de la región, comenzó con dos actividades básicas: decirle al personal que quería que la empresa pasara del último lugar en el posicionamiento del mercado al primero, y les dio un lugar en la mesa. Él demostró lo que llamamos el positivismo perseverante, la creencia en que las cosas pueden cambiar. Como muchos otros que se han propuesto cambiar el *statu quo*, él fue lo suficientemente ingenuo para pensar que podría tomar a este grupo y llevarlo del último al primer lugar, aun a pesar del récord de los conductores.

"Cuando yo tomé la responsabilidad de liderar esta región, una de mis primeras ocupaciones fue salir y hablar con los conductores, uno a uno, hasta con el guardia que había estado allí por años. Todos estaban muy a la defensiva", me dijo. "Les pregunté acerca de cómo ellos pensaban que era posible mejorar las circunstancias. Por supuesto que yo tenía mis ideas pero sabía que si no les daba la oportunidad de participar, ellos no darían el paso para ayudar a hacer lo que fuera necesario para mejorar. Ellos dieron sus opiniones y de repente comenzaron a sentir que eran parte de la situación".

Otra cosa que hizo Don fue responsabilizar a los conductores. Ideó una cartelera en la que cada uno de ellos semanalmente viera cómo les estaba yendo en el cumplimiento de sus metas —ventas, productos rotos, etc. Luego les pidió reunirse una vez por semana para analizar dichas carteleras. No hubo culpas ni vergüenzas, sólo una oportunidad semanal para comparar el rendimiento de cada uno y compartir sus ideas.

En el periodo de doce meses el grupo había alcanzado la visión de Don y pasado del último al primer lugar. Con el tiempo la zona ganó el premio Herman Lay por ser uno de los mejores grupos de toda la empresa. Don es humilde ante el papel que desempeñó en el logro de ese éxito. "Todo lo que yo hice fue darle a la gente voz y voto, además de darles una visión de que era posible mejorar las cosas", me dijo. "Ellos lograron que así fuera".

Muchos líderes tienen miedo de permitirles a los empleados de primera línea tener un grado de participación porque creen que ellos tomarán decisiones erróneas, pero ese temor ya ha sido desafiado y vencido al máximo. Conté en otro capítulo anterior la historia de Joanne Beaton y TELUS, la moribunda empresa de telecomunicaciones que terminó convirtiéndose en un negocio con muy buen reporte de ganancias. Un elemento interesante de ese cambio radical es que su primera decisión cuando ella tomó las riendas fue reunirse persona a persona con cientos de empleados para preguntarles qué harían si estuvieran encargados de sacar a TELUS del mercado, si ellos fueran la competencia. Ella necesitaba gente que hiciera el cambio, que fuera más productiva, que mejorara el servicio al cliente, pero comenzó primero por invitar a su personal a tomar su parte de responsabilidad. Ella les dio un lugar en la mesa.

Como parte de la investigación que se hizo para escribir este libro, mi editor y yo encuestamos a cuatrocientos profesionales a lo largo y ancho de Estados Unidos enviándoles correos electrónicos para preguntarles qué hacen los líderes que impide que la gente no quiera marcar la diferencia. La respuesta más frecuente, (64%), fue que "los líderes toman decisiones por sí mismos sin involucrar a los demás". Aunque no fue una muestra científica, los participantes representaron a muchos sectores incluyendo organizaciones tanto con, como sin ánimo de lucro. Incluimos seis opciones (y un lugar para que escribieran sus propias opiniones) y les pedimos hacer dos elecciones.

Dado el enorme deseo de los empleados por ser tomados en cuanta, ¿qué causa en los líderes tal temor y toman decisiones sin hacer consultas? Joanne Beaton dijo que la idea preconcebida de que los empleados toman malas decisiones. Pero la mayoría de las veces, dada la misma información, la gente tomará las mismas decisiones que sus jefes tomarían. La diferencia es que ELLOS las tomaron y de esa manera se hace más posible que sean ellos quienes tomen la responsabilidad para cambiar el estado de las cosas".

Darle a la gente un lugar a la mesa puede cambiar la cultura entera de la organización. En el 2008, Darren Entwistle, el Gerente Ejecutivo de TELUS, lanzó un concepto llamado "proceso justo" a lo largo de la compañía. Este proceso justo fue diseñado para asegurar que los empleados se involucraran y tuvieran participación en las decisiones que les afectaban. Josh Blair, Vicepresidente Ejecutivo del Departamento de Recursos Humanos de TELUS, dijo que ese cambio había "animado a los empleados a marcar la diferencia en toda la compañía". Invitar a la gente a sentarse a la mesa como una manera formal de hacer negocios puede generar enormes dividendos y explicar gran parte del éxito de una organización.

Un lugar en la mesa familiar

Este mismo principio del lugar en la mesa puede aplicarse en el contexto familiar. Digamos que tu hijo adolescente se comporta de cierta manera que te preocupa y que requiere de disciplina. ¿Te imaginas qué ocurriría si te sientas y le das a tu hijo un lugar en la mesa? Lo creas o no, creo que en la mayoría de los casos los castigos que los adolescentes proponen, comparados con los tuyos, son más severos, ¡pero imagínate la diferencia en la manera en que ellos los recibirían!

Una amiga me contó que su hija subió lo que ella considera unas fotos inapropiadas a Facebook. La mamá pudo fácilmente ordenarle a su hija quitar esas fotos, pero en lugar de eso prefirió darle un lugar en la mesa y la invitó a tener una conversación acerca de lo que los chicos pueden pensar acerca de eso. Mi amiga la escuchó con toda atención, le hizo preguntas adecuadas y en ocasiones la exhortó. Al final su hija llegó a la conclusión de que las fotos eran inapropiadas. La conversación terminó siendo un momento de enseñanza y no simplemente un conflicto. Su hija le agradeció por permitirle hablar y quitó las fotos por su propia convicción.

No me malinterpretes. Si hubiera sido mi hija y yo hubiera sentido que las fotos eran inapropiadas, al final ella habría tenido que quitarlas, estuviera de acuerdo o no. Si los conductores hubieran dicho: "Vamos a seguir siendo los peores", Don Knauss seguramente tampoco habría estado de acuerdo. El punto es, como lo expresó Joanne Beaton, la mayoría de las veces la gente (incluyendo nuestros hijos) llegará a la misma conclusión que nosotros, cuando les damos un lugar de participación.

La gente no actuará responsablemente si no les das responsabilidades

Los líderes mencionan constantemente en el mundo de los negocios acerca de su deseo de que la gente sea más responsable. El problema es que en verdad queremos personas que sean más *responsables*. No queremos tener que vigilar a todos los empleados sino que ellos se responsabilicen voluntariamente de marcar la diferencia.

Una forma de crear un lugar donde cada uno actúe de manera más responsable es asignando responsabilidades. Es decir, si les atamos las manos, los empleados no tienen una razón ni la necesidad de tomar responsabilidad propia. Como me dijo una vez Dennis Bakke, el ex Gerente Ejecutivo de AES Corporation: "Si tratamos a las personas como adultas, ellas actuarán como adultas. Pero si las tratamos como niños, ellas actuarán como niños".

Tomemos como ejemplo el Ritz-Carlton y el Four Seasons, dos de las cadenas de hoteles con mejor servicio al cliente en el mundo. En las dos organizaciones los miembros del personal cuentan con una importante suma de dinero a su disposición para ofrecerles a los huéspedes una experiencia memorable. En el Ritz, inclusive en los cargos más humildes como los botones y las camareras, tienen asignado hasta $1.000 dólares para que los utilicen según su criterio para crear una gran experiencia que sorprenda al huésped. Un simple ejemplo de esto tiene que ver con una huésped discapacitada que se alojó en uno de los hoteles Ritz-Carlton porque estaba invitada a una boda que tendría lugar en la playa. Cuando el personal se dio cuenta que a ella se le dificultaría tener acceso a la playa, le construyeron una plataforma para que ella tuviera acceso al evento. La plataforma costó cientos de dólares y los supervisores no escucharon del asunto durante días.

Es claro que las empresas quieren gente que marque la diferencia y las dos cadenas hoteleras tienen muchas historias sobre sus empleados haciendo eso precisamente. Pero tú a lo mejor te preguntas ¿cómo una cadena hotelera arriesga darles a sus empleados tanto criterio propio?

La respuesta es muy sencilla y tiene que ver con el comentario de Dennis: "Si les damos responsabilidad a las personas, ellas tienden a actuar responsablemente". Si queremos que la gente marque la diferencia, tenemos que tener el coraje de darles la oportunidad de equivocarse, aprender y crecer. A lo mejor irán demasiado lejos algunas veces, pero al darles poder los animamos a actuar como líderes.

En WestJet los agentes de la sala de embarque y otros miembros del equipo tienen la autoridad para hacer muchas cosas justo en el momento necesario sin preguntar ni pedir autorización, cuando se trata de complacer a un cliente insatisfecho. No es sorprendente que a los clientes les encante saber que los empleados de primera línea puedan tomar control y marcar la diferencia cuando se presente un inconveniente. Pero Ferio Pugliese, el Vicepresidente Ejecutivo encargado del personal y la cultura empresarial de la compañía, me contó acerca de una ocasión en que una agente recién vinculada se tomó demasiadas atribuciones dando tiquetes de vuelo gratuitos debido a un corto retraso de un vuelo que estaba causando inconvenientes a los pasajeros. En algunas compañías con seguridad esta agente hubiera recibido una reprimenda por desperdiciar el dinero de la empresa. Pero en lugar de eso, Ferio dijo: "La pusimos como un buen ejemplo y luego la instruimos sobre cómo ella debería actuar la próxima vez".

Él me dijo: "La mejor forma de hacer que la gente marque la diferencia es dándoles un halago espontáneo cuando ellos dan el paso y toman iniciativa. En el momento en que trasmitas que no deseas que la gente tome la iniciativa o haga un cambio, ellos no lo harán de nuevo".

Lograr que la gente actúe responsablemente dándoles responsabilidades funciona incluso en el área familiar. El hijo adolescente de mi amiga era adicto a la ropa diseñada y con frecuencia pagaba altas cantidades de dinero por gafas de marca y camisetas costosas. Sus padres se cansaron de las constantes altas sumas de dinero para esa clase de compras así que decidieron darle a su hijo la responsabilidad de administrar su propio presupuesto para comprar su ropa. Primero analizaron cuánto podían darle anualmente para ese propósito y le daban una parte en enero y la otra en julio. Le decían: "Aquí tienes el dinero para tu ropa de este año. Puedes gastarlo como tú quieras pero si te quedas sin dinero, no te daremos más". De repente el chico empezó a comprar su ropa en almacenes de descuento y trayendo a casa cinco camisetas por el precio que pagaba anteriormente por una camiseta de marca. Al recibir responsabilidad, él actuó responsablemente. Piensa en todas las formas en que esta práctica se aplica a la familia, a la escuela o dentro del mundo empresarial.

Algunas maneras que no le permiten a la gente marcar la diferencia

Investigando para este libro les preguntamos a cientos de personas cómo creen que los líderes les impiden a quienes los rodean que marquen la diferencia y así surgió una lista de maneras infalibles. Como viste al principio de este capítulo, la primera y más efectiva forma de lograrlo es tomando decisiones sin preguntarles a los demás su opinión. A veces es la reacción del líder respecto a las ideas de la gente lo que explica por qué el 38% de los encuestados dijo que "descartar las ideas antes de escucharlas" era la razón más frecuente por la cual la gente no se anima a proponer cambios.

Howard Behar fue el eje de la historia del Frappuccino de Starbucks que compartí anteriormente. Después de su Vicepresidencia se convirtió en Presidente de Operaciones de Starbucks International. Howard me contó la historia de un hombre que trabajó para una cadena de locales de venta de donas, quien le envió un memorando al presidente de la empresa donde él trabajaba. En la carta le compartía una cantidad de ideas altamente constructivas sobre cómo lograr que el negocio funcionara mejor, como mejorar el menú y cómo ganar la lealtad de la clientela. El empleado le mostró a Howard la respuesta que recibió de la presidencia. Llena de una jerga empresarial, la carta básicamente decía: "Gracias por las ideas pero no funcionarán, las hemos implementado antes, lo que ocurre es que usted no tiene claridad en los hechos, vuelva a intentarlo".

Howard me dijo: "¿Tú crees que ese hombre va a volver a querer compartir otra vez sus ideas?". El empleado, no solamente estaba disgustado, sino que sintió que sus esfuerzos fueron totalmente ignorados. A lo mejor no todas sus ideas eran viables, es posible que algunas ya se hubieran intentado, pero en el momento en que el presidente las descartó y pareció no tomarlas con seriedad, el hombre, igual que la mayoría de las persona en la misma situación, decidió regresar y adoptar el papel que la compañía le pidió hacer. En su caso, el empleado que le escribió el memo al presidente en un acto de compromiso seguramente se convirtió en la clase de trabajador desilusionado que ingresó a la fila de los cínicos.

No se necesitan muchas de esas experiencias para que la gente se envuelva en su caparazón como una tortuga. Mark Twain observó que una vez que un gato salta sobre una estufa caliente, no solamente no vuelve a saltar a otra estufa caliente muy pronto, sino que tampoco saltará en las estufas frías. Como líderes necesitamos saber que cada vez que desilusionamos a alguien de marcar la diferencia, difícilmente esa persona volverá a sentir ganas de proponer cambios.

Tim Horton es una compañía que ha trabajado duro para crear un lugar donde la gente quiera hacer cambios. Brigid Pelino, la Vicepresidenta de Recursos Humanos de dicha empresa, me expresó que los líderes tienen que ser muy cuidadosos en cuanto a la forma en que ellos responden a las ideas de los demás: "En el momento en que dices 'basta de propuestas', ya lo hemos intentado anteriormente'", la gente se callará. Y continuó diciendo acerca de la importancia de tener una mente abierta: "No seas tan rápido para juzgar, mantente en silencio por un rato y toma el tiempo para absorber las ideas antes de responder cualquier cosa", fue su consejo.

Elogia lo esfuerzos y no sólo los resultados

Si existe alguna característica que identifica a las corporaciones modernas es el enfoque persistente en los resultados. Juzgamos a la gente más que todo por "las cifras" y el cumplimiento de las metas propuestas. En un ambiente así, el riesgo a la saturación se convierte en la norma, Hacer lo que todos los demás están haciendo es mucho menos riesgoso que proponer cambios e innovaciones. La aversión al riesgo y el deseo de marcar la diferencia no son acciones compatibles. Lo mismo puede decirse en el ambiente escolar, mientras más nos enfocamos nada más en los resultados, más creamos un ambiente en donde los estudiantes no tienen deseos de tomar riesgos por temor a una evaluación fallida. La manera en que se utiliza el boletín de notas impide el crecimiento en lugar de estimularlo.

Volvamos al fascinante estudio sobre la forma en que actúa la mente, hecho por Carol Dweck. Recuerda que ella encontró que los niños que eran halagados por sus esfuerzos más que por su inteligencia eran más dados a tomar riesgos para desarrollar pruebas más complejas. Quizás un enfoque constante en los premios recibidos debido al éxito, en lugar de destacar los fracasos y el esfuerzo, genera un clima en el que la gente prefiere quedarse en su zona de comodidad.

El siguiente es un ejemplo humorístico pero a la vez muy diciente. La esposa de un amigo había estado quejándose durante algún tiempo por la falta de romance entre ellos. Ella sentía que su relación se había vuelto predecible y aburridora. Después de meses de sus señales, sutiles y directas, él decidió sacar de la biblioteca pública un libro acerca de cómo ser romántico. Un viernes en la noche él regresó temprano a casa, preparó una cena con velitas y esperó desnudo a que ella llegara. El ambiente era cálido, el vino en la mesa y la cena lista. Cuando ella llegó, sus primeras palabras fueron: "¡Eso no es romántico, eso es estúpido!". Él se vistió, cenaron en silencio y él regresó el libro a la biblioteca.

A lo mejor él debería haber escogido una demostración romántica distinta en su primer intento de romance, y es posible que su plan fuera más romántico para un hombre que para una mujer. Pero cuando ella le hizo sentir que estaba equivocado, a la vez garantizó que él no volvería a hacer ningún cambio otra vez.

El equivalente organizacional de este escenario ocurre a diario. Alguien propone un cambio, va más allá de su función, y con una sola frase es aplastado. Después de algo así, el temor mantiene a la gente alejada de querer cambiar el estado de las cosas. No es sorprendente que el 33% de nuestros encuestados diga que "crear un ambiente de temor y sumisión" es lo que los líderes hacen, obteniendo como resultado que la gente no quiera marcar ninguna diferencia.

Jim Grossette, el Vicepresidente de Recursos Humanos de Agrium (una de las fábricas productoras de fertilizantes más exitosas del mundo), lo explica así: "He estado en lugares en los que si haces algo que no funciona, te van a dar una palmada en la mano. Si la gente teme perder su empleo, o que les van a dar una palmada, o que serán avergonzados, o destinados al fracaso, nunca lograrás que propongan nada. Necesitamos invertir más tiempo elogiando los aciertos de las personas y menos tiempo en buscar lo que sale mal, si en realidad queremos que la gente dé el paso al frente y marque la diferencia".

En mi experiencia, ese ambiente de temor es con frecuencia muy sutil. Puede ser desde el ceño fruncido de un gerente ejecutivo en una reunión; una idea a la que le prestamos muy poca atención y queda en el olvido, hecho con el cual a lo mejor quien la propuso siente que su trabajo quedó en riesgo por tan sólo sugerirla, es posible que se trate de algún riesgo bien intencionado que salió fallido y se ventila públicamente y de manera negativa, avergonzando así a quien lo propuso. Si quieres que la gente proponga cambios, necesitas aceptar un cierto grado de riesgos. Marcar la diferencia y obtener resultados 100% adecuados de ese intento, simplemente no es coherente.

Los líderes necesitan ser muy intencionales en cuanto a los mensajes que le envían a su personal. Para bien o para mal, existe una gran cantidad de personas observando al jefe. Cuando hice un tour para líderes expertos en la División de Sistemas Electrónicos de Northrop Grumman con Jim Pitts, el Presidente de ese sector, él le dijo a su equipo: "Espero que ustedes no sean observadores de su jefe. No quiero que se sienten a ver en qué dirección sopla el viento antes de actuar. Si yo creo un ambiente de temor, ustedes necesitan hacérmelo saber para que yo deje de hacerlo". Mensajes de este estilo, con total claridad, le abren la posibilidad a la gente de proponer ideas, especialmente cuando a cada propuesta le siguen acciones congruentes.

Quizás las mejores claves para hacer que el personal dé el paso al frente para proponer nuevas cosas en el ambiente laboral fueron resumidas por Ferio Pugliese, de WestJet, la compañía que ha invertido quince años construyendo una cultura empresarial en la que la gente se anime a tomar la iniciativa, hecho que termina en resultados excelentes para el negocio: "La gente se siente más segura en medio de la manada, pero no es allí donde queremos que ellos estén. Cuando, de manera consistente les das reconocimiento y premios a aquellos miembros del equipo que alteran positivamente el estado de las cosas, y cuando el equipo sabe que tú los apoyas, entonces tienes la oportunidad, junto con tu personal, de llevar a cabo algo interesante. Después de todo, la gente marca la diferencia porque los líderes crean la atmósfera apropiada para que así sea".

No se trata del caballo

Muchos líderes suelen creer que la forma de conseguir que los miembros de su equipo den el paso para cambiar las circunstancias es seleccionando a sus subordinados, casi como si ellos creyeran que la capacidad del ser humano para cambiar las cosas fuera innata. Mi experiencia ha sido precisamente lo contrario. Casi toda persona que he tenido la oportunidad de conocer quiere tomar la iniciativa y lograr cambios importantes. Piensa en la experiencia de Joanne Beaton en TELUS. El personal del centro de servicios no estaba muy interesado en esforzarse, de la misma manera que los conductores de Frito-Lay cuando Don Knauss tomó el control en esa zona difícil, pero ocurren grandes cambios cada vez que un líder en realidad está dispuesto a escuchar los retos que la gente desea a enfrentar para marcar una diferencia.

De hecho, de acuerdo a Dennis Bakke, cuando AES, una de las compañías más grandes y poderosas del mundo, hizo su encuesta a nivel mundial acerca de sus empleados, los líderes descubrieron que ellos valoraban la oportunidad de poder proponer cambios e influenciar su propio destino en todo lo relacionado con el aspecto laboral, y que ocurre lo mismo en todos los países en los que la empresa tiene su negocio, ya sea en Europa, Asia y todo el continente americano.

Si estás a cargo de un equipo de trabajo y la gente no hace propuestas para mejorar su trabajo, sería muy conveniente que miraras al espejo. Hace unos años tuve la oportunidad de atender a un campamento de liderazgo que incluía ayudar a entrenar caballos. El primer día de campamento nuestro instructor me pareció muy similar, tanto en lo físico como en su manera de comportarse, a Curly, el vaquero de ficción de la película *El vaquero de ciudad (City Slickers)*. Durante la primera hora de aquel largo tiempo con caballos él nos dio la lección más importante: "A lo largo de la semana habrá ocasiones en que el caballo no hará lo que ustedes quieran que él haga. Cuando eso ocurra ustedes estarán inclinados a culpar al caballo. Pero desde ya les digo que cada vez que se sientan tentados a pensarlo deben recordar que ¡el problema no es del caballo! Cada caballo en este lugar es capaz de hacer y quiere hacer aquello para lo que lo estamos entrenando. Así que el problema no es del caballo. ¡El problema es de ustedes!".

Como líderes, padres y maestros, necesitamos recordar esta lección. Hay quienes quieren proponer cambios que mejoren las circunstancias, y si les damos el escenario adecuado, ellos lo harán.

Implicaciones sociales

Los países y las comunidades también tienen que crear el ambiente en el que la gente dé el paso al frente y quiera tomar responsabilidades. Ya sea en cuestiones como mantener la seguridad de la vecindad o en aspectos de mayor relevancia como resolver los inconvenientes producidos por los cambios de clima, necesitamos que de manera individual los ciudadanos tomen cartas en el asunto. Sencillamente no existe suficiente fuerza policial para mantenernos seguros, ni tampoco hay todos los recolectores de basura en la ciudad que logren mantener los océanos libres de basura. Hay muy poca duda acerca de que la crisis financiera del 2008 surgió en las salas de juntas y en las agencias del gobierno, pero todo el que compró una casa sin entender el impacto potencial del aumento de intereses o el desbalance en los precios del mercado, fue igualmente culpable de la situación. Sólo cuando nos demos cuenta de que la responsabilidad individual es el centro de una sociedad sana comenzaremos a progresar en lo relacionado con resolver los grandes retos de la época actual.

Esta idea llegó a mí de una manera muy personal cuando me encontraba en la ciudad de Vancouver en junio de 2011. El equipo de jockey Vancouver Canucks estaba participando en el séptimo juego de las finales de la Copa Stanley contra el equipo Boston Bruins. Alrededor de 150.000 personas se reunieron para ver el partido en pantallas gigantes de televisión en el centro de la ciudad mientras los equipos jugaban en el estadio a seis cuadras de distancia. El jockey es un deporte con muchos fanáticos en Canadá y los seguidores de Canucks habían esperado casi veinte años la oportunidad de quedar campeones. Justo el año anterior la ciudad orgullosamente sirvió como sede de las Olimpiadas de Invierno del 2010 y fue elogiada a nivel mundial por su gran papel como anfitriona.

El juego de la Copa Stanley no salió bien y el equipo Canucks perdió el partido. En el centro de la ciudad el alcohol y la estupidez de alguna gente lograron que los fanáticos insatisfechos causaran una serie de disturbios. Las multitudes se desmidieron y quemaron carros de la Policía, rompieron ventanas de los negocios y saquearon mercancía. La innumerable cantidad de agentes de la fuerza pública hicieron lo que mejor pudieron pero los ciudadanos de Vancouver esa noche vimos en televisión el horror de lo sucedido mientras toda esa buena reputación que había ganado la ciudad durante los Olímpicos se esfumaba tras esa nube de humo que yo alcanzaba a ver desde mi balcón.

Las noticias cubrían en directo y yo me preguntaba *¿por qué tantos ciudadanos observando y tomando fotos de los disturbios y saqueos?* Con frecuencia parecían haber sólo unos pocos revoltosos pero cientos de observadores. No fue sino hasta el día siguiente que comenzaron a publicarse las historias de los ciudadanos que se pararon en la brecha a defender la ciudad. Una joven se paró junto a un carro que estaba a punto de ser incendiado y aunque ella era sujeto de burlas, se sostuvo a pesar de la situación, sin importarle que no se tratara de su carro.

Un tendero miraba sobresaltado por televisión la forma en que los almacenes eran asaltados en la calle donde él tenía su negocio, seguro de que también él recibiría enormes daños. A eso de la media noche el tendero recibió una llamada de un extraño diciéndole que a su negocio no le había ocurrido nada. Él le preguntó al hombre en el teléfono por qué él sabía que eso era cierto. El hombre le contestó que lo sabía porque él personalmente, junto con otros cuantos ciudadanos, se quedaron cuidando la puerta del frente del local, manteniendo así alejados a los saqueadores. Ellos no eran amigos del tendero y sólo uno de los que cuidaron el negocio había entrado allí alguna vez.

La mañana siguiente cientos de residentes locales se reunieron en el centro de la ciudad desde muy tempranas horas con escobas e implementos de aseo para limpiar todo el desastre causado. Nadie les pidió que fueran.

Una madre acudió junto con su hija menor, las dos con guantes de caucho, listas para empezar a limpiar. Cuando la madre fue entrevistada, dijo: "Sólo quería que mi hija supiera que esto es lo que hace la gente".

Para ser honesto, algunos buenos samaritanos no llevaron la mejor parte durante esos disturbios. Algunos fueron golpeados, y otros recibieron muchas burlas. Uno no deja de preguntarse cómo hubiera sido de diferente esa noche si cientos de personas se hubieran unido para defender la imagen de la ciudad. Si aquellos que estaban tomando fotos hubieran decidido actuar en lugar de ser espectadores, ¿habría sido distinto el final de la noche?

El punto es que muchos en realidad sí marcaron la diferencia. Ellos no vieron el problema simplemente como un trabajo para la Policía o los trabajadores de la ciudad. Ellos vieron lo que estaba ocurriendo y decidieron que eran los adecuados para hacer algo al respecto. Los líderes en función deben tener el coraje de retar a la gente a querer cambiar el estado de las cosas y darles a la vez un lugar a la mesa. Solamente cuando se nos pide responsabilidad, actuaremos responsablemente.

Formas de marcar la diferencia

➪ *Que en tu estilo de liderazgo haya siempre una silla disponible.* Interésate por hablar uno a uno con los miembros de tu equipo de trabajo —escuchando sus ideas— o programa una reunión mensual de retroalimentación, o un desayuno de trabajo rotando a los invitados para tener la oportunidad de escuchar al mayor número de miembros del personal posible. También puedes hacer conferencias e invitar a la gente a que intervenga. Mientras más oportunidades le demos a la gente para que participen, más ellos las aprovecharán.

➪ *Cuida siempre tus reacciones.* Recuerda que como líderes siempre estamos a la vista del público cuando se trata de animar a nuestro equipo a marcar la diferencia. Hasta la más pequeña pista de que no queremos que la gente no participe, acabará con el deseo de innovación por parte de los empleados. Recuerda que en las dos encuestas los participantes respondieron que alejamos a la gente de querer marcar la diferencia al no preguntarles sus opiniones y al desechar sus ideas sin siquiera explorarlas.

➪ *Recompensa el esfuerzo.* No escatimes cuando se trate de recompensar el esfuerzo así como los resultados, especialmente si alguien va más allá de las funciones de su cargo y en verdad logra marcar la diferencia.

Una persona *siempre* importa

"Es gracias a una diversa e innumerable cantidad de actos de valentía y
fe que se ha construido la Historia de la Humanidad. Cada vez que un
hombre se levanta y defiende un ideal, o actúa en beneficio de otros, o
combate la injusticia, se produce un pequeño destello de esperanza".
Robert Kennedy

Gran parte de este libro ha transcurrido en medio de dos conceptos: el primero, la necesidad de tomar la responsabilidad y el segundo, los resultados de lo que ocurre cuando vemos que es necesario
marcar la diferencia y actuamos en consecuencia. Espero que a este
punto ya estés convencido de que mirar al espejo es mejor que buscar
culpables, que cuando nos enfocamos en lo que podemos cambiar en
lugar de fijarnos en lo que los demás deberían hacer, nos movemos
con más certeza, que incluso si una pequeña parte de responsabilidad de cualquier problema nos corresponde, algo importante ocurre
cuando decidimos tomar el 100% de responsabilidad por esa parte y
que tomar responsabilidad tiene repercusiones que se expanden. El
capítulo final se enfoca en el segundo concepto: que una sola persona
que marque la diferencia realmente importa.

La mayoría de nosotros ha tenido al menos un momento en su
vida en el que sabe que al haber marcado la diferencia algo cambió
porque decidió actuar. Justo antes de sentarme a escribir este capítulo fui a participar en una elección local y en mi regreso a casa recogí
varias botellas plásticas que había en el andén y las arrojé en un con-
tenedor de reciclar. Pude haber dudado acerca de si en realidad im-

portaba realizar esos dos actos, ambos actos de fe. Cuando pienso en
mis propias experiencias, recuerdo las varias veces en que el haberme
parado a proponer y hacer cambios en verdad importó. Crecí en Staten Island, uno de los cinco condados de la ciudad de Nueva York. En
esa época la isla todavía tenía zonas verdes, incluso fincas. A medida
que la población creció, las zonas verdes fueron convirtiéndose en
viviendas y caminos. Líneas y líneas de viviendas remplazaron la be-
lleza forestal del lugar. Sin embargo en la mitad de la isla se conservó
intacto un terreno circular —que terminó por llamarse la franja verde. Cuando yo estaba en Secundaria surgió una importante disputa
acerca del futuro de dicha franja y nuevas construcciones trataron de
acabar con ella. Con el paso de los años mucha gente ha ayudado a
preservarla y ahora se están tomando decisiones que determinarían
que desapareciera para siempre.

Junto con otros, yo me pronuncié para expresar mis opiniones al
respecto, escribí algunos artículos sobre la franja verde y hasta participé en algunas propuestas. No vivo allí desde hace décadas pero al
volar sobre Staten Island en un viaje de negocios reciente logré ver
ese hermoso anillo verde ininterrumpido en el centro de la isla. Miles
de personas han marcado diferencias y tienen muy poca duda de que
si no hubieran actuado ese verde se hubiera derretido entre el tumul-
to de viviendas que absorbió ese condado. Quizás sea una pequeña
victoria en el mayor esquema de las cosas, y no es un triunfo que yo
pueda reclamar como solamente mío, pero estoy seguro de que si la
gente (incluyéndome yo) no se hubiera manifestado a favor, las cosas
habrían sido diferentes.

Las muchas historias que narro en este libro son un testimonio
amplio del poder de marcar la diferencia. Joanee Beaton y su equipo
de TELUS salvaron el negocio de los centros de servicios, la mujer en
el bus salvó la vida de una extraña que estaba considerando suicidarse. La decisión de Devin Hibbard de comenzar BeadforLife cambió
las vidas de miles de mujeres en Uganda, muchos jóvenes fueron y
se graduaron en la universidad porque Mike Feinberg y Dave Levin
eligieron diseñar un sistema alterno de escuelas, Starbucks continúa
obteniendo ganancias para sus socios propietarios de una manera

atrayente en gran parte debido a que una administradora de un almacén de Santa Mónica fue convincente y luchadora, un buen grupo de indigentes encontró nuevamente dignidad para su vida gracias a Ken Lyotier, las ballenas nadan en parte debido a Rex Weyler; y una agente de Canadian Tire cambió la vida de una clienta ayudando a la empresa a conseguir clientes de por vida.

Pero aún hay más. En cada uno de esos casos los protagonistas son muchos más de los que parecen. Piensa en la gente que celebra reuniones en BeadforLife cada año a lo largo y ancho de Europa y Norteamérica, marcando ellos también la diferencia. El dinero que han recogido es tan importante como la causa a la que contribuye Devin Hibbard en Uganda. Piensa en todos aquellos que han escrito cartas para salvar a las ballenas, firmado peticiones, hecho llamadas telefónicas a políticos, caminado en marchas y así sucesivamente. Ellos son la verdadera razón por la cual las ballenas saltan libremente. Claro, esa agente consiguió una cliente de por vida, pero el futuro de la compañía junto con su reputación están en las manos de miles de empleados que harán hoy mismo la decisión de marcar la diferencia y ser tenidos en cuenta.

Una persona siempre importa, y alguien que actúa en unión con otros —a lo que me referí anteriormente como influencia colectiva— importa aún más. De hecho, mi consejo para ti es siempre asumir que los demás también están actuando. Cuando asumimos que otros lo hacen, nosotros no actuamos. Curiosamente, los estudios muestran que si le dices a la gente que vote porque la concurrencia es baja, las votaciones se suspenden. Parece ser que la gente tiende a pensar algo como: "Si nadie más está votando, ¿por qué yo sí?". De otra parte, el mismo estudio muestra que la gente que escucha un mensaje como: "Una cantidad récord de personas votará" tiende actuar más, presumiblemente porque de alguna manera ellos sienten que importa pero además que a lo mejor se quedan atrás al no votar. Por eso es que yo creo que siempre debemos asumir que los demás están actuando. Lo peor que puede pasar es que estemos equivocados y de todas maneras hayamos actuado noblemente.

Marca la diferencia... o vive para arrepentirte

Una de las razones más importantes para marcar la diferencia es que la mayoría del tiempo nos arrepentimos de *no* haberlo hecho. Como Rahul Singh me dijo: "La vida es corta y no quieres pasarla imaginándote qué habría pasado si hubieras actuado". Fue ese descubrimiento, seguido de la muerte de su mejor amigo, lo que llevó a Rahul a comenzar Global Medic aunque él no tuviera experiencia recolectando fondos o estando al frente de una organización sin ánimo de lucro.

La vida nos da muchas oportunidades, pero estas requieren que de una forma o la otra levantemos nuestras manos y digamos: "Cuenta conmigo". Como me dijo Mike Feinberg: "Siempre hay voces diciéndonos que no nos tomemos en trabajo de cambiar las cosas, una voz diciéndonos que no somos lo suficientemente buenos, ni hábiles, ni valemos la pena". Pero esas voces no son amigas.

En 1881 tuve el privilegio de atender a una reunión en Cairo, en Egipto, de U.N. Conference on Population and Developement. Aunque yo fui representando una organización ambiental, sólo era un voluntario y no un empleado de la organización. Como parte del evento se celebraba el encuentro de las organizaciones no gubernamentales de la U.N., ante la cual yo no tenía ninguna clase de autoridad. El trabajo de las ONG era influenciar las delegaciones oficiales que se habían reunido a evaluar los riesgos humanos de sostenibilidad y ayudar a los medios en su batalla para contar la verdad acerca de por qué es tan importante que todos participemos.

El primer día de la conferencia todas las organizaciones ambientales del mundo se reunieron por regiones. Yo me hallé en el grupo norteamericano rodeado por gente muy calificada, en su mayoría activistas ambientales. Los organizadores nos dijeron que cada región necesitaba seleccionar a un representante por grupo. Cuando estuvimos juntos yo pensé en levantar la mano pero después pensé: "¿Quién soy yo para ser el representante, cuando en realidad muchas de estas personas trabajan en el tema de tiempo completo y tienen más experiencia que yo?". Pero incluso así yo quería tener influencia, quería marcar la diferencia. En ese momento me acordé de otras veces en mi vida en las que he tenido la oportunidad de marcar la diferencia y no lo he hecho por temor a fracasar. De repente mi mano estaba en el aire. "Yo lo hago", dije. Antes que alguien más tuviera la oportunidad de sugerir una alternativa, otra persona había secundado la moción y el cargo era mío. Podías ver la cara de asombro de aspirantes más calificados que yo, quienes seguramente estaban esperando ser elegidos pero se cohibieron de proponerse como aspirantes por alguna razón.

Durante las siguientes dos semanas pasé el mejor tiempo de mi vida. Participé en reuniones diarias con Timothy Wirth, el Jefe de la delegación de Estados Unidos, y tuve la oportunidad de trasmitir lo que nuestro grupo de trabajo sentía que estaba pasando respecto a cada tema. Numerosos medios me entrevistaron y una de esas entrevistas fue trasmitida en la radio a nivel nacional, en el programa *Morning Edition* por todo el país. Una de mis clientes llamó para decir que estaba en la ducha cuando me escuchó en NPR ¡y casi se resbala y se cae! A medida que la conferencia fue avanzando varios de los miembros de la delegación de Norteamérica me confesaron que ellos quisieron ofrecerse como voluntarios para ser representantes del grupo pero que lo dudaron porque escucharon esa voz de la que Mike Feinberg hablaba. Habiendo visto cuánto me había divertido y cuánta influencia terminé teniendo, ellos me dijeron que lamentaron no haber levantado la mano.

¿Para qué levantarías tu mano ahora mismo en tu vida si supieras que podrías lamentar más adelante el no haberlo hecho? A lo mejor sea en tu área de trabajo para expresar lo que otros piensan pero no expresan. Puede ser ofrecerte de voluntario para escribir un artículo, o dirigir un proyecto, o simplemente para cambiar la forma en que estás actuando en tus relaciones. Algo sí es seguro, como lo dijo Ken Lyoter, fundador de United We Can: "Es más cómodo quedarnos en el sofá y ver un partido, pero nunca sabremos de lo que somos capaces sino hasta cuando actuemos con el fin de marcar la diferencia". Él así lo hizo y a pesar de años de indigencia y alcoholismo terminó influenciando la vida de muchas personas, ganando hasta un doctorado honorífico y ayudando a organizar una revolución en beneficio del reciclaje. Él pudo no haberse sentido lo suficientemente apto para levantar sus manos y decir "cuenta conmigo", y hasta pudo haber querido no escuchar su propia voz, pero él se levantó.

Este es el momento para marcar la diferencia, *justo ahora*. A lo mejor no importa si lo haces, pero nunca lo sabrás, si no lo haces.

El mundo es siempre distinto cuando marcamos la diferencia. Algo cambia en el campo de la energía cuando la gente toma la iniciativa. Tu voz puede ser la de muchos o puede terminar por ponerte en el centro del escenario. Pero aquellos que escribieron cartas para salvar las ballenas fueron tan importantes como quienes corrieron tras los rusos en el barco junto a Rex Weyler, de la misma manera que aquellos miembros del centro de servicio que cambiaron su actitud fueron tan importantes como su líder.

Así que... tú tienes la opción

Terminar un libro siempre es un gran reto. De otro lado está el deseo de terminar con algo profundo, con algunas palabras conmovedoras que darte. Aun así tengo que recordar que el final de un libro nunca es escrito por su autor, sino por los lectores. Una de las cosas más gratificantes de ser un escritor es que con frecuencia, de la manera más inesperada, alguien me enviará un correo electrónico, me escribirá una carta o me llamará para decirme cómo algo de lo que escribí en alguno de mis libros encendió su llama, cambió su perspectiva, lo llevó a actuar, o simplemente le confortó en algún periodo importante de su vida. Hace apenas unas semanas un hombre me dijo que él y su esposa mantenían un ejemplar de mi libro *The Five Secrets You Must Discover Before You Die* en su mesa de noche.

Me contó que con frecuencia leen un pasaje antes de acostarse a dormir. Luego prosiguió diciéndome que habían decidido recientemente, basados en mi libro, tomar seis meses para ir a visitar a la familia en el extranjero y dar a sus nietos la oportunidad de pasar un tiempo con los abuelos antes de que fuera demasiado tarde. Sacrificaron un dinero pero valió la pena.

No tengo cómo saber lo que harás como consecuencia de haber leído este libro, pero es mi ferviente esperanza que hagas algo. Es mi esperanza que te enfoques todavía más en tomar responsabilidad y que hagas menos señalamientos. Deseo que dejes de intentar que otros cambien y te enfoques aún más en tratar de cambiarte a ti mismo. También es mi deseo que asumirás que puedes cambiar el estado de las cosas y hacer lo que sea necesario a medida que animas a otros a marcar la diferencia, aunque les parezca ingenuo intentarlo. A lo mejor algunos de ustedes resulten siendo los nuevos Devin, Rahul, Ken o Joanne. A lo mejor sencillamente quieras marcar la diferencia de un modo más activo y causar impacto en tus cinco líneas de influencia. El mundo está esperando por ti. Está esperando por cada uno de nosotros, Una persona que marque la diferencia siempre es importante. Y eso es lo importante.

Así que repite conmigo:

Yo soy el indicado

Yo puedo cambiar las cosas

Si no soy yo, ¿entonces quién?

Si no es ahora, ¿entonces cuándo?

Marcando la diferencia para lograr cambios

En este libro hemos mencionado muchas organizaciones e individuos que se han levantado para marcar la diferencia y lograr cambios. Esta es una lista parcial de las páginas de internet que aparecen aquí:

KIPP, the Knowledge Is Power Program, iniciado por Mike Feinberg y Dave Levin, http://www.kipp.org.

BeadforLife in Uganda, ayudando a las mujeres a escapar de la pobreza, www.beadforlife.org.

Global Medic, proveyendo ayuda médica al mundo desarrollado, iniciado por Rahul Singh, www.globalmedic.ca/.

United We Can, agencia sin ánimo de lucro fundada por Ken Lyotier en Vancouver, www.unitedwecan.ca.

Rex Weyler y la historia de la campaña a favor de las ballenas, www.rexweyler.com.

Pink Shirt Day, enfrentándose al matoneo, www.pinkshirtday.ca.

Howard Behar, autor de *It's Not About the Coffee*, www.howardbehar.com.

Marshall Goldsmith, autor del prólogo, www.marshallgoldsmith.com.

Temas clave en este libro

Este es el resumen de los mensajes esenciales y conceptos clave aquí contenidos:

- Las claves para marcar la diferencia son aceptar la responsabilidad individual y enfocarte en lo que requiere de cambios.

- Necesitas darte cuenta que tienes un tremendo poder para ejercer influencia en tu círculo, en las primeras cinco filas de contacto con quienes te rodean. Con el fin de crear cambios debes actuar localmente (en tu lugar de trabajo, hogar y la comunidad) con la convicción de que los cambios locales son tan importantes —si no más importantes— que los cambios globales.

- La repercusión de la responsabilidad es la forma en que, al tú marcar la diferencia, animas a otros a hacer lo mismo.

- *La influencia colectiva* te recuerda que cuando actúas, tus actos individuales combinados con los de los demás crean una gran masa de poder.

- Sé ingenuo y optimista. Un componente clave para marcar la diferencia es creer que tienes la habilidad para lograrlo.

- Acepta el 100% de responsabilidad y cero excusas (el principio 100/0). Enfócate en cómo estás contribuyendo a solucionar el problema y no en mirar qué están haciendo los demás. Cuando aceptas tu parte de responsabilidad en el asunto, las otras personas invariablemente aportarán lo que les corresponde.

- No tienes que ser especial para hacer cosas especiales.

- No puedes elegir liderar o no. Es decir, tienes influencia sobre los demás ya sea que escojas darte cuenta de ello o no.

- El liderazgo es una postura y una elección, no una envestidura que debe ser impuesta sobre ti. Levántate y marca la diferencia cuando nadie esté mirando ni esperando que hagas algo al respecto.

* El liderazgo no requiere de una autoridad oficial. Como dije antes, muchos están esperando a estar en una posición de influencia para poder comenzar a influenciar. Lo contrario es más coherente: mientras más participes influenciando, más te será dada la posición para ejercer influencia.

* Haz algo, ¡lo que sea! No necesitas un plan perfecto para comenzar a actuar.

* Da un paso a la vez y el resto se irá dando.

* La gente tiende más fácilmente a marcar la diferencia cuando sabe que no estará sola.

* Enfócate en lo que puedas controlar, no en a quién puedes culpar.

* Tú eres lo único que puedes controlar.

* Trabaja en medio de las dificultades en lugar de usarlas como excusas para no trabajar.

* Marca la diferencia en el momento en el que te encuentras y utilizando las habilidades que tengas. No tienes que salir a buscar oportunidades para marcar la diferencia porque ellas están generalmente frente a ti.

* Confrontar sin culpar o quejarte es un componente importante para marcar la diferencia.

* Las habilidades, los talentos y los recursos, están sobrestimados si los comparamos con el coraje, la determinación y la visión.

* Cuando implementes cambios, dales a tus empleados y familiares un lugar a la mesa. Ellos se sentirán valiosos y apreciados.

AGRADECIMIENTOS

Todo lo que escribimos o decimos, sin importar quiénes seamos, es el resultado de una vida entera de influencias con frecuencia difíciles de discernir. Quiero agradecer a aquellos que contribuyeron directamente en este trabajo pero además dar reconocimiento a aquellos que han contribuido en mi vida a lo largo de muchos años de jornada.

Gracias al equipo de Berrett-Koehler por la misión de inspirar el bien en el mundo. Especiales agradecimientos a Steve Piersanti de BK, cuya gentil guía me ayudó a dejar de escribir el libro que debía escribir para escribir el que realmente quería. Gracias a todos los que ayudaron a elaborar este manuscrito, me dieron ideas sobre los títulos y me sugirieron personas a quienes entrevistar. Especial agradecimiento a Geoff Smart y Jeff VanderWilen, cuyos comentarios a mi primer borrador fueron una contribución significativa para este libro. También gracias a mis amigos en Learning Network porque siempre están allí para apoyarme y retarme. Gracias en especial a Marshall Goldsmith por su prólogo y a Chris Cappy y Jim Kouzes por sus ideas y retroalimentación. Gracias Beverly Kaye por el ánimo que me diste y por las conexiones que me has ayudado a hacer a lo largo de los años. Eres muy especial. Gracias a Devin Hibbart y al equipo entero de BeadforLife en Uganda, junto con todas esas sorprendentes mujeres que conocimos mientras estuvimos allá. La idea de este libro tomó realmente fuerza cuando vi cómo tomas partido para marcar la diferencia y hacer de este un mundo mucho mejor.

Gracias a Mark Levy por dar generosamente de su tiempo para trabajar en títulos e ideas. Esperemos que hayas estado en lo correcto. A Martin y Farah Perelmuter y a su gran equipo de Speaker´s

Spotlight, les agradezco. Ustedes me ayudaron a enviar mi mensaje al mundo. Gracias por su amistad y trabajo duro.

A mis clientes, muchos de los cuales entrevisté para la realización de este libro. De nuevo *gracias*. Siempre he aprendido tanto de ustedes como ustedes de mí. Especiales agradecimientos también a TELUS, una empresa que ha sido líder en auspiciar a nivel corporativo, por su patrocinio a la página www.steppingupforchange.com y por la producción de videos para contar las historias de aquellos que han cambiado al mundo.

Especiales gracias a Josh Blair y Andrew Turner en TELUS por su amistad y compromiso con mi trabajo. Bob Peter en LCBO, por marcar la diferencia en varias ocasiones y por apoyar mi trabajo y hacerlo de nuevo en esta oportunidad. A mis amigos en Tim Horton, incluyendo a Brigid Pelino y Stephanie Hardman, quienes intentaron a diario crear un excelente ambiente de trabajo y me compartieron sus historias para este libro.

Un especial agradecimiento a toda la gente que entrevisté y cuyos nombres e historias se encuentran en estas páginas. Ustedes marcaron la diferencia y el mundo es un mejor lugar gracias a eso. Espero haber hecho justicia a sus relatos. Ustedes me ayudaron a cumplir ese deseo de mi niñez de ser un periodista.

Gracias a Derek Sweeney en Sweeney Agency por recibir mis llamadas a cualquier hora para darme sus opiniones y discutir ideas. Eres una excelente profesional y una verdadera amiga. Que siempre encuentres felicidad en Sweeney´s Meadow.

Gracias a todos los que marcaron la diferencia y me ayudaron en los momentos críticos de mi vida. Son muchos de ustedes, pero algunos sobresalen: Reverendo Robert Kelly, cuyo ejemplo de líder y siervo forjó mis primeros años de vida. Tony Pontone, quien creyó en mí en un tiempo en el cual yo no creía. Mark Clark y todos los profesores de Hofstra University, quienes me dieron tan buen inicio. Trudy Sopp, al ver desde el principio mi potencial en este campo y sigue siendo uno de mis seguidores (el sentimiento es mutuo). Lynn Rudy, cuya antorcha todavía cargo y Lesly Nolin, sin quien seguramente no me hubiera convertido en escritor ni aprendido la importancia de autoconfrontarme.

Gracia a mis buenos amigos, recientes y viejos amigos, quienes son tantos que es imposible mencionarlos con nombre propio. A JB, CC (y Ken), a JVW —ustedes muchachos han caminado todo el tiempo conmigo.

Gracias a Janice Halls. Esperé la vida entera por una amistad como la tuya. Inclusive cuando pensaba que debía abandonar este proyecto, tú siempre me dijiste que siguiera. Soportaste mis altibajos, siempre respaldándome. Eres una luz que brilla en el universo y estoy feliz de estar en tu órbita.

A mi hija Lena, quien es dueña de sí misma marcando la diferencia en una variedad de formas. Hemos pasado por mucho juntos. Espero que estés tan orgullosa de este trabajo como yo lo estoy de ti.

Mamá, siempre me apoyaste en las horas más oscuras y me ayudaste a avanzar hacia mis metas.

Finalmente, gracias a todos los que siempre se pararon a marcar la diferencia y crear cambios, ya fuera que triunfaran en el momento o no. El mundo que estamos creando se ha ido construyendo apoyado en sus hombros.

Dr. John Izzo

El Dr. John Izzo es un escritor bestseller, líder de la comunidad, periodista, agente de cambio, *coach* ejecutivo y uno de los más cotizados conferencistas de Norteamérica en las áreas de liderazgo, cultura corporativa, desarrollo personal y negocios con responsabilidad social. Cada año participa en más de cien eventos como conferencista alrededor del mundo invitando a la gente a marcar la diferencia y retar su liderazgo.

Él es el autor de cuatro libros bestsellers incluyendo *Awakening Corporate Soul*, el cual lo estableció como pionero en el movimiento para crear lugares de trabajo que sean altamente comprometidos y socialmente responsables. Su mejor libro bestseller, *Value Shift*, fue pionero en su momento cuando mostró cómo los valores de los empleados y los consumidores estaban cambiando y cómo la industria tendría que adaptarse a este nuevo conjunto de valores, incluyendo la sostenibilidad y la responsabilidad social.

Su libro *The Five Secrets You Must Discover Before You Die* es un bestseller basado en su serie de televisión titulada *Biography Channel*, en la cual ha entrevistado a 250 a personas entre las edades de 60 a 106 años para preguntarles qué han aprendido acerca de la vida.

Ha enseñado en dos universidades prestigiosas y ha ayudado a casi 600 organizaciones a crear una cultura de sostenibilidad incluyendo a WestJet, Tim Horton, Hewlett Packard, TELUS, Applebee´s, IBM, Walmart, The Mayo Clinic y Clorox. Su trabajo ha sido difundido en *CNN, CBC. The Wall Street Journal, Fast Company y Maclean´s.*

Izzo tiene un grado en Sicología de Hofstra Univiersity, una Maestría en Teología en McCormick Theological Seminary y un Ph.D. de Kent State University. Ha sido parte de la junta directiva de algunas agencias importantes sin ánimo de lucro, incluyendo United We Can, The Canadian Parks and Wilderness Society y BeadforLife.